Karl Haselbach

Albrecht, der erste Habsburger in Österreich

Karl Haselbach

Albrecht, der erste Habsburger in Österreich

ISBN/EAN: 9783743662698

Hergestellt in Europa, USA, Kanada, Australien, Japan

Cover: Foto ©ninafisch / pixelio.de

Weitere Bücher finden Sie auf **www.hansebooks.com**

Albrecht,

er erste Habsburger in Oesterreich.

Festgabe
zur sechshundertjährigen Gedenkfeier der Belehnung des habsburgischen Hauses mit Oesterreich.

Von

Dr. Karl Haselbach
k. k. Gymnasial-Professor.

---

rausgegeben vom Vereine für Landeskunde von Niederösterreich
für die Schul- und Volksbibliotheken.

Wien
Verlag und Eigentum des Vereines für Landeskunde von Niederösterreich
1882.

Albrecht,

der erste Habsburger in Oesterreich.

Festgabe

zur sechshundertjährigen Gedenkfeier der Belehnung des
habsburgischen Hauses mit Oesterreich.

Von

Dr. Karl Haselbach

k. k. Gymnasial-Professor.

Herausgegeben vom Vereine für Landeskunde von Niederösterreich
für die Schul- und Volksbibliotheken.

Wien

Verlag und Eigentum des Vereines für Landeskunde von Niederösterreich.
1882.

1. Niederösterreich vor den Habsburgern.

Als der Auflösungsproceß des römischen Weltreiches unaufhaltsam sich vollzog und Odoaker dem Schattenkaisertum im Abendlande ein Ende machte, war Niederösterreich eine vielbetretene Völkerstraße. Auf dem Kreuzungswege vom Bosporus zu den Herkulessäulen und vom Belt zur Tiber gelegen, war dieses Land die Hauptstraße der halbtausendjährigen Völkerwanderung. Ohne jedem einzelnen Wellenschlage des ungeheuren Gewoges zu folgen, sei nur jenes großen Geistes gedacht, der den Flutungen einen Halt gebot und durch Vernichtung der avarischen Macht einen der Grundsteine zum Baue seines Weltreiches legte. Der Frankenherrscher Karl der Große leitete in die von ihm begründete Ostmark einen Strom deutscher Colonisten, deren Culturarbeiten unter seinen Nachfolgern durch die magyarischen Ueberflutungen leider wieder unterbrochen wurden.

Aber wie nach unumstößlichen Naturgesetzen der Ebbe die Flut, dem Winterschlafe der Natur das rege Frühlingsleben folgt, so wurden auch in der Ostmark wieder bessere Zustände angebahnt. Der bedeutendste Fürst des sächsischen Regentenhauses, Kaiser Otto der Große, errang am Laurentiustage des Jahres 955 in der blutigen Feldschlacht bei Augsburg den glänzenden Sieg über die magyarische Heeresmacht, einen Sieg, in welchem die Anfänge Oesterreichs liegen; denn die wiederhergestellte Ostmark erhielt von da an einen festen Bestand, aus ihr erwuchs in späterer Zeit Oesterreich zu Macht und Ehren.

In diesem Landstriche, der nun in so rühmlichem Kampfe dem Reiche gewonnen war, sollten tüchtige Colonisten, opferfreudige

1*

Mönche, für ihre Pläne und Ziele begeisterte Fürsten eine der gewaltigsten und folgenreichsten Aufgaben erfüllen: „der christlich-germanischen Bildung nach Osten den Weg zu bahnen und ein Bollwerk der Cultur gegen die vom Morgenlande her drohende Barbarei zu schaffen," eine Aufgabe, welcher das Heldengeschlecht der Babenberger auch im vollsten Maße nachkam.

Das von Leopold dem Heiligen am Fuße des Kahlenberges gegründete Kloster, auf dessen Kuppel die alte Bügelkrone Karl's des Großen prangt, legt Zeugnis dafür ab, daß dieses Stift von den Babenbergern als Leuchte und Hort deutscher Cultur und Gesittung gegründet wurde. Und diesen Gang nam die Politik sämmtlicher Regenten aus dem so ruhmwürdigen Geschlechte, unter welchem fast ununterbrochen deutsche Bildung und Gesittung längs der Donaustraße sich heimisch machte. Den meisten Fürsten dieses Hauses wird darum von Dichtern und Geschichtschreibern reiches Lob gespendet. Insbesonders erfreute sich die Dichtkunst der größten Pflege und Förderung. Thüringen und Oesterreich, sagt ein gründlicher Kenner der deutschen Literatur, stritten um den Ruhm, die gastfreundlichsten Stätten für wandernde Sänger zu sein. Reinmar von Hagenau, der Chorführer der Nachtigallen, Walther von der Vogelweide, der König der Sänger, und Reinmar von Zwetl, Männer, welche auf dem Gebiete der Literatur Werke geschaffen, die zu den herrlichsten Blüten mittelalterlichen Geisteslebens gehören, brachten geraume Zeit am babenbergischen Hofe zu, und in dem bekannten dramatischen Gedichte, dem Sängerkriege auf der Wartburg, wird Leopold VI. der Glorreiche, als Sonne deutscher Herrlichkeit gepriesen. In der That kann die goldene Regierung Leopolds VI. als die glücklichste Zeit der glorreichen Herrscherfamilie bezeichnet werden.

Welche Reichtümer, welche Geistesschätze flossen hier nicht in der babenbergischen Residenz zusammen! Der Wohlstand der Stadt Wien trieb seine schönsten Blüten. Kaufleute von Nah und Fern, zu Wasser und zu Land fanden sich hier ein, Wien ward zum

Hauptstapelplatz und Niederlagsort für allen donauabwärts gehen=
den Verkehr, zum großen Verkehrs= und Austauschplatz zwischen
Deutschland und Ungarn, sowie zu einer der bevölkertsten Städte
des deutschen Reiches geworden. Daher konnte Leopold der Glor=
reiche dem Papste, als er mit ihm über die Errichtung eines Bis=
tums in Wien unterhandelte, von dieser Stadt sagen, sie sei nach
Köln eine der volkreichsten Städte Deutschlands. Und doch war
Wien nur sieben Decennien früher zum ersten Male urkundlich er=
wähnt worden.

Leider ging ein guter Teil dieser herrlichen Früchte, welche
die babenbergische Herrschaft auf materiellem und geistigem Gebiete
zur Reife gebracht, in Folge eines Ereignisses wieder verloren,
das sich an den Marken unseres Landes, unweit der Neustadt
am 16. Juni 1246 abspielte. An diesem Tage fiel auf dem Felde
der Ehre, im rühmlichen Kampfe gegen die Magyaren, der letzte
Babenberger, Friedrich II., der Streitbare, Herzog von Oesterreich
und Steiermark, Herr in Krain, der windischen Mark und zu
Portenau. Zwei hundert und siebzig Jahre hat das erlauchte Haus
über Oesterreich regiert, welches demselben den Anfang seiner Größe
zu verdanken hat.

Mit dem Erlöschen des Babenberger=Stammes war das Land
herrenlos geworden; denn auf die weiblichen Nachkommen dieses
Hauses, die noch vorhanden waren, konnte das von Friedrich
Barbarossa 1156 erteilte Privilegium keine Anwendung finden, da
darin nur von den Töchtern des letzten Herzogs, nicht aber auch
von seinen Seitenverwandten die Rede war.

Somit war Oesterreich als erledigtes Lehen dem Kaiser und
Reiche anheimgefallen, und nur ersterer allein konnte rechtliche
Verfügungen über die verwaisten Länder treffen. Da aber Kaiser
Friedrich II. durch seine Kämpfe mit dem Papste und den Lombarden
zu sehr in Anspruch genommen, diesen Ländern wenig Sorgfalt
zuwandte, so war eine harte Zeit über dieselben gekommen, in der
alles bis in den tiefsten Grund aufgewühlt wurde. Der Stärkere

fiel über den Schwächeren her und beraubte ihn; Friede und Recht lagen darnieder, die Verwilderung der Sitten griff immer mehr um sich.

Da gelang es Ottokar, dem Sohne des Böhmen-Königs Wenzel, Herr der babenbergischen Länder zu werden und nach der Erwerbung Kärntens ein Reich aufzurichten, das sich vom Waldrande des Erz- und Riesengebirges bis zu den Fluten der Abria erstreckte, in welchem der goldene König, wie Ottokar ob seines Reichtums genannt wurde, nicht unrühmlich regierte.

Allein der stolze Machtbau, der bei Kroissenbrunn auf dem Marchfelde die Feuertaufe bestanden, sollte auf derselben Ebene zusammenstürzen; der Stern eines neuen Regentenhauses leuchtete auf.

2. Das Haus Habsburg.

An den freundlichen Ufern der Aar und Reuß, inmitten einer fruchtbaren Landschaft, lagen die Stammesgüter jenes Dynastengeschlechtes, das sich von der am rechten Ufer des Aarstromes, im jetzigen Kanton Aargau gelegenen Feste Habsburg oder Habichtsburg Grafen von Habsburg benannte und dessen damaliger Stammhalter, Graf Rudolf, von der Vorsehung berufen war, Gründer einer Dynastie zu werden, die Jahrhunderte hindurch die Regierung des deutschen Volkes führen und die Länder und Völker des südöstlichen Europa zu einem staatlichen Ganzen vereinigen sollte.

Hatten schon die deutschen Könige Friedrich II. und Konrad IV., durch ihre Kämpfe in Italien in Anspruch genommen, Deutschland sich selbst überlassen, so ergieng es diesem nicht besser unter dem Königtume Richard's von Cornwallis und Alfons von Castilien; während des ersteren Thätigkeit sich auf mehrere Reisen in die Rheingegenden erstreckte, kam letzterer gar nie nach Deutschland. Das war „die kaiserlose, die schreckliche Zeit," in welcher Friede und Ordnung im Reiche bald nirgend mehr zu finden waren, und viele der Reichsfürsten ihre Gebiete auf Kosten des Reichsgutes und der schwächeren Nachbarn vergrößerten. Fast schien es, als sollte das Reichsganze in Trümmer gehen, hätte nicht der Trieb nach Selbsterhaltung die Sehnsucht nach einem allgemein anerkann= ten Könige, besonders nach Richard's Tode gezeitigt.

Daher schritten jene Reichsfürsten, welche schon früher als die ersten nach dem Könige galten und an welche als Wahl= oder Kurfürsten das Recht der alleinigen Königswahl gekommen war, zur Wiederbesetzung und Neugestaltung des Reiches. Ihre Wahl fiel auf den Grafen Rudolf von Habsburg.

Zumeist waren es seine persönlichen Eigenschaften, welche die Blicke der Wahlfürsten auf ihn lenkten. Von ihm hieß es, daß er in seinem Heimathlande Städte und Landgemeinden gegen die Raub= sucht seiner Landesgenossen in Schutz nehme, ein Hort der Schwachen und Bedrückten sei, daß ihm kriegerische Tüchtigkeit, strenge Gerech= tigkeit, gepaart mit Milde und Versöhnlichkeit in hohem Maße eigen seien. Diese persönlichen Vorzüge und die mäßige Hausmacht Rudolfs, welche den kurfürstlichen Interessen durchaus nicht gefähr= lich schien, waren ausschlaggebend; letztere wurden überdies durch die sogenannten Willebriefe mit einem festen Walle umgeben, nach welchen in Zukunft der König bei allen wichtigen Reichsgeschäften an die Zustimmung des Kurfürstenkollegiums gebunden war, welche dieses durch die Willebriefe erteilt.

Am St. Michaelstage, 29. September 1273, war die Wahl vor sich gegangen. Ein großes Ereignis hatte sich an diesem Tage vollzogen; der Gründer des gewaltigsten deutschen Fürstenhauses der späteren Jahrhunderte ward zum römischen Könige gewählt.

Rudolfs hauptsächlichste Fürsorge war, geordnete Zustände in Deutschland herzustellen. Dahin zielten die unter seiner Leitung 1274 zu Nürnberg und im nächsten Jahre zu Augsburg abgehal= tenen Reichstage.

Zu Nürnberg ward beschlossen, daß der König von allen Gütern welche Kaiser Friedrich vor seiner Excommunication besessen hatte, sowie von sonstigen heimgefallenen oder gewaltsam occupierten Reichsgütern Besitz ergreifen möge, und daß jeder Vasall, der binnen Jahresfrist die Belehnung nachzusuchen versäume, sich dadurch seiner Lehen begebe. Beide Entscheidungen waren gegen den König von Böhmen gerichtet, welcher dem Reiche anheimgefallene Länder widerrechtlich sich angeeignet und sich geradezu geweigert hatte, Rudolf als Reichsoberhaupt anzuerkennen und von ihm die Belehnung zu empfangen. Der seit Mai 1275 in Augsburg versammelte Reichstag erklärte Oesterreich, Steiermark, Kärnten und Krain als dem Reiche anheimgefallene Länder, welche Ottokar herauszugeben habe.

Diesem Beschlusse gemäß hatte Rudolf an Ottokar die Aufforderung zur Unterwerfung ergehen lassen, welche der Burggraf Friedrich von Nürnberg auch an diesen nach Wien überbrachte. Der Burggraf verlangte Namens seines Herrn die Rückgabe der ehemaligen babenbergischen Herzogtümer Oesterreich und Steiermark, nebst Kärnten und allem dazu gehörigen; in diesem Falle würde kein Anspruch auf Böhmen und Mähren, auf welche dem deutschen Könige doch ein oberlehensherrliches Recht zustehe, erhoben werden, widrigenfalls gegen ihn als einen Feind des Reiches gesetzlich vorgegangen und ihm auch diese seine Erbländer abgesprochen würden. Allein trotzig drückte Ottokar sein Befremden darüber aus, daß die Kurfürsten einen so unbedeutenden Grafen zum Könige erhoben hätten, der nie das besitzen werde, was ihm nie gehört habe; denn die beanspruchten Länder habe er teils erheirathet, teils siegreich gewonnen. Rudolf möge nur im Reiche draußen walten, in seinen (Ottokar's) Ländern habe er nichts zu schaffen.

Gegenüber einer solchen Sprache aus dem Munde eines Vasallenfürsten war die Reichsacht und der Reichskrieg unvermeidlich, ein weiteres Zuwarten würde nur ein Zeichen von Schwäche gewesen sein; am 24. Juli 1276 wurde bereits dem geächteten Böhmenkönig der Krieg erklärt. Während nun der Jugendfreund und Waffenbruder Rudolf's, Meinhard von Tirol, Kärnten fast ohne Schwertstreich eroberte, und dessen Bruder Albrecht von Görz mit dem Patriarchen von Aquileja in Krain und der windischen Mark

einfiel, rückte der deutsche König selbst der Donau entlang in
Oesterreich ein und stand am 18. Oktober vor den Thoren Wiens.
Diese Stadt war Ottokar zu großem Danke verpflichtet. Er hatte
sie erweitert und ihren Wohlstand mächtig gefördert. Daher hatten
sich die Bürger auch enge an ihn geschlossen und die Stadt vertheidigt;
allein der Besitz Wiens war als wichtige militärische Position entscheidend für den ganzen Feldzug. So lange sich Wien behauptete,
war Rudolf's Lage eine höchst ungünstige.

Mittlerweile war Meinhard von Tirol siegreich durch Steiermark gegen Oesterreich vorgedrungen, und die Ungarn, welche seit
Rudolf's Thronbesteigung zu ihm in freundlichen Beziehungen gestanden, waren entschlossen, für Kroissenbrunn Rache zu nemen. Da
ergab sich Wien nach fünfwöchentlichem mannhaften Widerstande
dem deutschen Könige. Mit dem Falle dieser Stadt war Ottokar's
Sache verloren, sein Stolz gebrochen, er bot Unterwerfung und
Frieden an.

Diese wurden auch von Rudolf angenommen. Er befreite
Ottokar von der Reichsacht, wogegen derselbe auf Oesterreich, Steiermark, Kärnten, Krain, die Mark, Portenau und Eger verzichtete, und
die Erbländer Böhmen und Mähren vom deutschen Könige nach
alter Sitte zu Lehen nam.

Allein dieser Frieden war nur von kurzer Dauer. Der Verlust
der schönen Alpenländer war für Ottokar ein zu großer, ein zu
schmerzlicher, daher er nur auf eine günstige Gelegenheit wartete,
um über Rudolf herzufallen. Zu diesem Zwecke wurden von ihm
allseitig Freunde geworben, und Geld und Versprechungen hiebei
nicht gespart.

Wirklich gelang es ihm auch, im Reiche mehrere Fürsten zu einem
Bunde gegen Rudolf zu vereinigen, indeß in Oesterreich Ottokar's
Schwiegersohn, der Landmarschall Heinrich von Kuenring-Weitra,
gleichfalls durch „klingende Mittel" so manchen Edlen des Landes
zum Abfall und Verrathe an dem Reichsoberhaupte bewog.

In Wien selbst war es dem Parteigänger Ottokar's, dem Stadtrathe Paltram vor dem Freithofe, gelungen, jene Rathsherren zu gewinnen, welche die Rechte des Stadtrathes auf Grund der von Kaiser Friedrich II. ertheilten Freiheiten erweitern und eine möglichst unabhängige Stellung erringen wollten. Da nun Rudolf die alte babenbergische Herzogsgewalt ungeschmälert herzustellen entschlossen war, erkannte er Wien's Reichsunmittelbarkeit erst kurz vor dem Ausbruche des zweiten Krieges mit Ottokar an, um die Bürgerschaft dieser Stadt zu gewinnen, von deren Besitze so viel abhing. Zugleich that Rudolf alles, um die Kriegsvölker seiner Getreuen an sich zu ziehen; obwol von einem ungarischen Hilfscorps, das König Ladislaus IV. persönlich führte, unterstützt, war es ihm doch nicht möglich, mit eben so zahlreichen Streitkräften, als sein Gegner befehligte, auf dem Schlachtfelde zu erscheinen. Zu diesem war das Kruterfeld bei Dürnkrut ausersehen, dasselbe blutgetränkte Marchfeld, auf dem ein späterer Enkel des großen Ahnherrn, Erzherzog Karl, für Oesterreich, für Deutschland, für Europa ruhmvoll gestritten.

Deutsche, Magyaren und Slaven, drei jener Hauptvölker, auf deren Vereinigung später die Grundfesten des habsburgischen Staatsgebäudes zu ruhen kamen, lieferten hier am 26. August 1278 eine der größten Schlachten des Mittelalters.

Die Sonne stand schon nahe dem Mittag, als der Kampf begann. Ottokar, angethan mit glänzender Rüstung, Rudolf im Kriegsgewande eines gewöhnlichen Ritters, leuchteten beide den Ihrigen als Muster der Tapferkeit voran. Nach hartem wechselvollen Kampfe war in den späteren Stunden des Nachmittags Ottokar's Schlachtlinie durchbrochen und aufgelöst. Voll Verzweiflung stürzte sich dieser selbst, da er alles verloren hielt, in den Kampf, um den Tod zu suchen, den er auch fand. Rudolf sprengte hin, wo der erschlagene Gegner lag. Er erschrak heftig, und Rührung war auf seinem Antlitze zu lesen. „Sehet die Nichtigkeit aller Größe und alles Glückes auf Erden", sprach er zu den ihn begleitenden

Rittern, umhüllte hierauf den Gefallenen mit seinem eigenen Mantel und ließ ihn prunkvoll nach Wien und von da in seine Heimath bringen.

Unstreitig kommt der Schlacht bei Dürnkrut eine große geschichtliche Bedeutung zu. Hier wurde nicht bloß einer der mächtigsten Fürsten seiner Zeit besiegt, sondern hier wurden auch die Geschicke der südöstlichen Alpenländer auf Jahrhunderte hinaus entschieden. Fortan sollten diese, wie bisher, als Vorwerke deutscher Cultur gegen den barbarischen Osten dienen; denn seit sich die Wogen der Völkerwanderung in Oesterreich gestaut, schlägt die Cultur, im Gegensatze zu der alten Welt, die Siegeslaufbahn von Westen nach Osten ein.

Durch diesen Sieg wurden aber auch die Grundsteine zu jenem gewaltigen Donaureiche gelegt, von dessen Bedeutung in späteren Zeitläuften jedes Blatt der Geschichte beredtes Zeugnis ablegt.

3. Die Reichsländer.

Vom Schlachtfelde weg begab sich Rudolf nach Wien, um in den eroberten Herzogtümern allenthalben den Frieden zu wahren. Schon nach dem ersten Friedensschlusse mit Ottokar, hatte er die zerrütteten Finanzen dieser Länder zu ordnen gesucht. Jetzt verkündete er einen allgemeinen Landfrieden für Oesterreich, Steiermark, Kärnten und Krain, um die königliche Gewalt daselbst wieder zu Ansehen zu bringen und jeder gewaffneten Selbsthilfe Einhalt zu thun. Bald erfreuten sich diese nun reichsunmittelbaren Gebiete der Segnungen des Friedens. Allein dauernd geordnete Verhältnisse wären in diesen Reichsländern doch nur möglich gewesen, wenn dieselben wieder unter Einem Haupte, Einem Herzoge wären vereinigt werden. Die Gefahr einer Auflösung in zahlreiche unabhängige Gebiete war zu nahe. Hatte sich doch das Herzogtum Schwaben, das seit dem Tode des letzten Hohenstaufen nicht weiter war verliehen worden, in zahlreiche unabhängige Grafschaften aufgelöst.

Daher lag es im Interesse dieser Länder selbst, sie wieder zu Lehen zu geben. Die Wahl des künftigen Lehensträgers konnte bei einer Würdigung der damaligen Zustände Deutschlands nicht zwei= felhaft sein. Sollte Rudolf einem der ohnehin zu mächtigen Reichs= fürsten diese Länder übergeben? Wann war denn Deutschland der mäch= tige, die Vorherrschaft in Europa ausübende Staatskörper? Nicht etwa unter dem großen Otto, der die herzoglichen Gewalten ihrer Macht= stellung entkleidete, oder unter Heinrich III., der das Herzogtum zu einer Statthalterschaft herabdrückte, oder größere, wie Kärnten zerschlug? Mußte es nicht der Rothbart in späteren Jahren bereuen, daß er Heinrich dem Löwen ein Reich aufrichten half, welches von den Alpen bis zu den Dünen der Nordsee reichte? Und wie sah es mit der Machtstellung des deutschen Königs seit der Mitte des dreizehnten Jahrhunderts aus? Thatsächlich hatte das Kurfürsten= collegium, namentlich durch das Institut der Willebriefe die Re= gierung in seine Hände gebracht. Dieses war zum Haupterben der früheren weltbeherrschenden kaiserlichen Gewalt geworden. Auch hatten die übrigen Reichsfürsten eine fast unabhängige Gewalt in ihren Gebieten erlangt. Daher verlieh unter solchen Verhältnissen nicht die kaiserliche Würde und das damit verbundene Reichsgut Macht, sondern einzig und allein ein größerer Territorialbesitz, und weil Rudolf diesen nicht schon mitbrachte, mußte er einen solchen zu erwerben suchen; nur aus einer bedeutenden Hausmacht konnte das Reichsoberhaupt jene Kraft und jene Macht ziehen, um sich gegen über den allzumächtigen und oft widerspenstigen Reichsfürsten behaupten zu können.

Rudolf strebte daher die Erwerbung eines größeren Terri= torialbesitzes als Grundlage der königlichen Gewalt an, aber auch zugleich als Ersatz für dieselbe, falls nicht einer seiner Söhne als Nachfolger gewählt würde. Er hatte, und zwar größtenteils mit den Mitteln seiner eigenen Erblande diese Reichsländer dem Reiche wieder erkämpft, und durch seine bisherige Thätigkeit sich auch wahr= hafte Verdienste um dieses erworben.

Noch im späteren Mannesalter hatte er sich der mühevollen Aufgabe unterzogen, den gesetzlosen Zuständen Deutschland's ein Ende zu bereiten, der Unordnung zu steuern und Recht und Gesetz zur Geltung zu bringen. Allerdings hat er die königliche Gewalt nicht auf jene Höhe gebracht, auf der wir sie unter Otto I. und Heinrich III. erblicken; allein unter diesen war die Selbständigkeit der einzelnen Reichsfürsten nicht so entwickelt, hatte die territoriale Zersplitterung des deutschen Reiches noch keine solchen Fortschritte gemacht, und hatten beide nicht nach einer zwanzigjährigen herrenlosen Zeit die Zügel der Regierung ergriffen.

Die Ausführung seines Planes leitete der römische König mit Hilfe der in den Herzogtümern reich begüterten Kirchenfürsten ein. Die Lehen, welche der Erzbischof von Salzburg und die Bischöfe von Regensburg, Freisingen und Bamberg innerhalb der österreichischen Herzogtümer verteilten, waren so bedeutend, daß ihre Besitzer jede landesherrliche Gewalt in die schwierigste Lage versetzen konnte. Rudolf brachte es nun glücklich zu Stande, daß diese geistlichen Fürsten seine Söhne Albrecht und Rudolf mit ihren Gütern belehnten, wodurch diese zu den mächtigsten Herren im Lande zählten.

4. Graf Albrecht als Verweser der Reichsländer.

Nachdem Rudolf mit unermüdlichem Eifer die österreichischen Verhältnisse geordnet, ergab sich die Nothwendigkeit nach mehrjähriger Abwesenheit auch die anderen Reichslande zu besuchen. Ehe er jedoch dahin abgieng, setzte er im Mai 1281 seinen Erstgebornen Albrecht zum Reichsverweser über Oesterreich, Steiermark, Kärnten, Krain, die windische Mark und Portenau ein. In den beiden letzteren Landschaften, sowie in Kärnten, führte jedoch Graf Meinhard die Regierung.

Albrecht, Graf zu Habsburg und Kyburg, Landgraf im Elsaß, war im Jahre 1248 geboren. Die Jugendjahre hatte er im Stammlande verlebt und an der Seite seines Vaters in den Kämpfen und Fehden daselbst wacker mitgekämpft und sich so zum geschickten Heerführer herangebildet. Als Rudolf den deutschen Thron bestiegen, wurde Albrecht die Verwaltung der Stammgüter übertragen, die er auch zur Zufriedenheit seines königlichen Vaters führte. — 1276 wurde seine Ehe mit Elisabet, der Tochter des Grafen Meinhard von Görz und Tirol, vollzogen, mit der er bis zu seinem Lebens= ende in glücklichster Ehe, in Liebe und Eintracht gelebt. Noch im selben Jahre folgte er seinem Vater auf dessen Zuge gegen Ottokar in die Marchebene; an der Entscheidungsschlacht bei Dürnkrut hatte er jedoch keinen Anteil, weil er gerade Hilfstruppen in den Stamm= landen sammelte, um sie dem Vater zuzuführen.

Albrecht stand im kräftigsten Mannesalter, als er die Leitung der österreichischen Herzogtümer übernam, zu welcher er auch die beste Eignung besaß, nämlich kriegerische Tüchtigkeit und staats= männische Begabung, Eigenschaften, wie sie dem Gründer eines großen Staatswesens, das Jahrhunderte hindurch Bestand haben sollte, zukommen müssen.

Nach der Anordnung seines Vaters hatte Albrecht bei der Ver= waltung einen Ausschuß von sechzehn der ersten Edeln, darunter Hermann von Landenberg, Marschall des Hauses Habsburg in den Stammgütern, einen Mann von seltener Treue zur Seite. Die Wohl= fahrt der Länder war Albrechts unverrückbares Ziel, und seine Reichsverweserschaft gab zahlreiche Beweise in dieser Beziehung. Hier trat er ordnend, dort versöhnend auf, und suchte namentlich wie sein Vater den Aufschwung der Städte zu fördern. Besondere Sorgfalt wendete er der bedeutendsten Stadt des Landes, Wien, zu. Nach dem Niederlagsrecht, welches Wien besaß, sollte es keinem Kaufmanne aus Westdeutschland, keinem Rheinländer oder Regens= burger gestattet werden, mit seinem Kaufschatze selber nach Ungarn hinabzuziehen. Wien allein sollte der Austauschplatz zwischen Ungarn und Deutschland sein. Die Wiener Kaufleute sollten diesen Austausch leiten und nur sie sollten das, was die fremden Kaufleute hier zu verkaufen gezwungen würden, wieder weiter abwärts in den Handel bringen dürfen. Dieses Niederlagsrecht war wol im Interesse der reicheren Bürger, aber nicht in dem der Gesammtheit. Der Waaren= und Fremdenverkehr war hieburch wesentlich gehemmt, wie nicht minder die Entwicklung Wiens. Deshalb berief Albrecht die Landherren*) von Oesterreich und den Wiener Stadtrath, und vermochte diese in die Abänderung des Niederlagsrechtes zu Gunsten eines freieren Verkehrs zu willigen. Fortan konnten die fremden Kaufleute ihre Waaren zu Wasser und zu Lande nach Wien führen, nach ihrem Belieben dort verweilen und an jed= weden Waaren verkaufen.

5. Die Belehnung zu Augsburg am 27. December 1282.

Nachdem Albrecht durch diese und andere Verwaltungsmaßregeln hinlängliches Geschick zum regieren bewiesen, hielt Rudolf die Zeit für gekommen, die Erwerbung der österreichischen Lande für sein Haus zur Thatsache zu machen. Bekanntlich war derselbe zu jeder wichtigeren Regierungshandlung an die Zustimmung der Kurfürsten gebunden, welche sie durch ihre Willebriefe gaben. Er bewarb sich nun um diese. Allein nicht jeder der Kurfürsten war sogleich bereit, dem königlichen Wunsche zu entsprechen, am wenig= sten aber der ehemalige Bundesgenosse Ottokars, der Kurfürst Siegfried von Köln, der sich erst nach einem kurzen Waffengange hiezu bereit erklärte. Als sich Rudolf im Besitze der kurfürstlichen Zustimmungsurkunden befand, wurde auf Weihnachten 1282 ein Reichstag nach Augsburg ausgeschrieben, zu welchem außer den Fürsten und Herren des Reiches auch die Söhne Rudolfs und die Landherren der sämmtlichen Länder geladen waren.

Es war eine glänzende Versammlung, die da in Augsburg abge= halten wurde. Zahlreiche geistliche und weltliche Große des deut=

---

*) Unter den Landherren oder Landleuten wurden damals die Stände der Herren und Ritterschaft, der begüterte Adel des Landes verstanden.

schen Reiches und Vertreter der vornehmsten Adelsgeschlechter auch
aus den österreichischen Ländern waren dahin gezogen.

Am 27. December (1282) erschien König Rudolf mit seinen
beiden Söhnen in der Versammlung, um in einer längeren Rede
seine Absicht mitzuteilen. Er wies auf seine zehnjährige verdienst-
liche Wirksamkeit im Reiche hin, und daß es demnach nur billig
und gerecht wäre, wenn sein Haus davon Ehre und Vorteil
zöge, wenn seine Söhne unter die ersten Diener des Reiches auf-
genommen würden, um desto ersprießlicher für dasselbe wirken zu
können. Als römischer König, fügte er hinzu, stehe er zwar über dem
Gesetze; dennoch habe er sich aber diesem unterworfen und für sein
Beginnen die Zustimmung der Kurfürsten eingeholt. Er wolle nun
seine Söhne zu Fürsten des Reiches erheben und sie mit den Für-
stentümern Oesterreich, Steiermark, Krain und der Mark mit
allen Rechten, Ehren und Freiheiten belehnen, wie sie die Herzoge
Leopold und Friedrich innegehabt, nebst allem, was in diesen Ländern einst König Ottokar rechtmäßig erworben habe.

Hierauf erfolgte in üblicher Weise durch die Überreichung der
Fahnen, welche die genannten Gebiete darstellten, die Belehnung
der neuen Herzoge. Sofort wurden auch die Lehenbriefe ausgefertigt,
mit dem Siegel des römischen Königs in goldener Kapsel versehen
und von den Anwesenden unterschrieben. Das Schicksal Kärntens
war unentschieden geblieben. Dieses Land war bestimmt, dem
Grafen Meinhard von Tirol zur Belehnung für seinen Beistand
im Kampfe gegen Ottokar verliehen zu werden; aber die Kurfürsten,
welche ihm die Erhebung in den Reichsfürstenstand mißgönnten
hatten bisher immer ihre Zustimmung verweigert. Erst am 1. Februar 1286 konnte Rudolf das Herzogtum dem Grafen förmlich
übertragen. Der deutsche König ließ zugleich an alle Bewohner der
nunmehr habsburgischen Lande ein Schreiben ergehen, in welchem er
die Mitteilung von der geschehenen Belehnung zu Augsburg macht,
alle Unterthanen der Eide entbindet, und ihnen befiehlt, den jetzigen
Herzogen, Albrecht und Rudolf, als ihren Herrn gehorsam zu sein.

So sehr es auch dem Wunsche der Oesterreicher und Steirer entsprach, aus des Reiches unmittelbaren Schirm wieder unter dem eines eigenen Fürsten gekommen zu sein, so befürchteten diese doch von einer Doppelherrschaft üble Folgen und baten um den Herzog Albrecht als alleinigen Regenten. König Rudolf willfahrte der vorgetragenen Bitte und verordnete in der Rheinfelder Hausordnung vom 1. Juni 1283, daß Albrecht und seine männlichen Nachkommen die Alleinherrschaft in den österreichischen Ländern besitzen, Rudolf aber in anderer Wise entschädigt werden sollte.

Herzog Albrecht I.

6. Das Haus Habsburg in Oesterreich.

Mit der Belehnung zu Augsburg war ein Ereignis von welt-
geschichtlicher Bedeutung vollzogen worden. Ohne Gewalt und
Unrecht, in Uebereinstimmung mit den berufenen Fürsten des Reiches
und unter der Zustimmung der Unterthanen der Herzogtümer war das
Haus Habsburg in den Besitz dieser schönen Lande gekommen,
welche den Grundstock zu dem gewaltigen Reiche bilden sollten,
das sich jetzt von den schwarzen Bergen bis zu den Kämmen des
Riesengebirges, vom Bodensee bis zum Quellgebiete der Aluta er-
streckt und dessen Stimme im Rathe der Völker Europas oftmals
die Entscheidung gebracht.

Mancherlei Schwierigkeiten hatte der erste Habsburger zu über-
winden, ehe es ihm gegönnt war, seine Länder in Frieden zu regieren.

Keiner von allen Reichsfürsten konnte seine landesherrliche Gewalt in dem Umfange ausüben, wie ehedem die babenbergischen
Herzoge. In ihren Ländern gab es keine Reichsfürsten, die daselbst
begütert gewesen wären; die Landherren standen nicht unmittelbar
unter der königlichen Gewalt; diese, sowie die Städte waren
von dem Herzoge abhängig, der als oberster Landesrichter zugleich
eine fast unumschränkte Gerichtsbarkeit ausübte. Nun hat es Rudolf
in der Belehnungsurkunde klar ausgesprochen, dass er die alte
Babenbergische Herzogsgewalt mit ihrer hochentwickelten Landeshoheit ungeschmälert seinen Söhnen zuwende. Hiemit aber war
jede Reichsunmittelbarkeit förmlich und ausdrücklich in diesen Län-

dern aufgehoben. Diese Herstellung der früheren landesfürstlichen Macht versetzte jedoch die alten, reichen Bürgergeschlechter in Unruhe. Wien sollte nicht des Landes, sondern des Reiches Hauptstadt in Oesterreich, also eine Reichsstadt sein, zu welcher es von Kaiser Friedrich II. 1237 erhoben und als solche auch von Rudolf 1278 anerkannt worden war.

Dem Ehrgeize mächtiger Bürgergeschlechter stand in einer Reichsstadt wol ein größeres Feld offen. Als solche besaß sie völlig freie Gerichtsbarkeit und der von der Bürgerschaft gewählte Rath war in der freien Stadt das, was der Herzog im Herzogtume war, im Besitze der obrigkeitlichen Rechte. Allein nur als Landeshauptstadt, wie Albrecht Wien behandelte, konnte dieses einer großen Zukunft entgegen gehen. Wer anders als die babenbergischen Fürsten hatten den Grund zur Größe, Macht und Berühmtheit der Kaiserstadt gelegt? Erst seit Wien die bleibende Hofstadt der babenbergischen Herzoge geworden, wurde es für den Handel durch Ausbeutung seiner günstigen Lage von hervorragender Bedeutung und verdrängte allmälig Regensburg. Das goldene Zeitalter Wiens unter dem glorreichen Leopold gieng ja doch seiner Erhebung zur Reichsstadt vorher. Als Reichsstadt würde es eine vorübergehende Blüte wie Nürnberg und Regensburg erlangt haben, aber auch zugleich zum Schauplatze jener Kämpfe zwischen Zünften und Geschlechtern geworden sein, wie sie die deutschen Reichsstädte im vierzehnten Jahrhundert namentlich aufzuweisen haben, in welchen Austreibung der Geschlechter, deren Rückkehr mit allerlei ritterlichen Gesellen, ihre Wiedervertreibung, Revolution und Gegenrevolution wechselten. Nie aber würde Wien als Reichsstadt zu großer kommercieller oder politischer Macht gelangt, nie die glanzvolle Weltstadt, die Metropole von Kunst und Wissenschaft und des mächtigen Donaureiches geworden sein. Daß es dieses geworden, verdankt es der Einsicht und Festigkeit Albrechts, des ersten Regenten aus dem habsburgischen Hause.

Dieser fuhr fort, sich nach wie vor als Herrn der Stadt zu zeigen, ungeachtet die angeseheneren und reicheren Bürger, anstatt

2*

zu beruhigen, die Aufregung noch nährten, die in dem Jahre 1288 eine so bedenkliche Höhe erreichte, daß die Stadt dem Herzoge den Gehorsam kündete, und den seit kurzem ansässigen Ritter Konrad von Breitenfeld beauftragt haben soll, öffentlich im Namen der Stadt dem Herzoge die Fehde anzusagen. Der Herzog, so wird berichtet, habe sich hierauf in die Kahlenberger Burg zurückgezogen und Anstalten getroffen, die Stadt auszuhungern. Die rasch zunemende Theuerung, die besonders drückend auf der ärmeren Bevölkerung lastete habe hierauf zu Unterhandlungen und zur Unterwerfung der Bürgerschaft geführt. Gewiß ist nun, daß Albrecht die Vertreter der Stadt auf den 18. Februar 1288 nach Klosterneuburg berief, und daß zehn Tage später Stadtrichter, Bürgermeister, Stadtrath und die Gemeinde Wien einen Revers ausstellten, in welchem sie dem Herzoge Albrecht und seinen Erben stete Treue geloben und allen von König Rudolf I. erhaltenen Gnadenbriefen entsagen. Dieser Verzicht betraf die „reichsunmittelbare" Stellung Wiens; die Stadt wurde wieder das, was sie vor 1237 gewesen, die Hauptstadt des Landes. Nachdem sich die Bürger Wiens unterworfen, zeigte sich ihnen Albrecht wieder gnädig; so bestätigte er den Tuchschneidern unter den Lauben ihre Privilegien, desgleichen auch den Münzmeistern und gewährte den Bürgern freiere Verwaltung ihrer städtischen Angelegenheiten.

7. Herzog Albrecht und Ungarn.

Schon vor dem erzählten Ereignis war der Besitz Albrechts an der Ostgrenze durch den ungarischen Raubgrafen Iwan von Güns ernstlich beunruhigt und bedroht worden. Von seinen längs der Grenze von Oesterreich und Steiermark gelegenen Besitzungen unternam derselbe räuberische Streifzüge in die Länder Albrechts, ohne daß dieses der König Ladislaus von Ungarn zu hindern vermochte. Nun schritt Albrecht selbst ein, und an der Spitze des österreichischen und steierischen Heerbannes, dem sich noch Kriegs-

leute aus Schwaben und Böhmen anschlossen, eroberte er in weni=
gen Wochen alles Land am Neusiedler= und Platten=See, und
auf einem zweiten Feldzuge fiel auch der Hauptsitz Iwans, das
feste Güns, nach hartnäckigem Widerstande der Belagerten in seine
Hände.

Die Burgen von Tyrnau und Preßburg waren schon früher
erobert und Besatzungen in dieselben gelegt worden. Das eroberte
Land unter österreichische Hauptleute gestellt, ohne daß von König
Ladislaus ein Widerspruch dagegen erfolgte, da dieser der Demütigung
des unruhigen Magnaten nur froh war.

Da mit einem Male wurden diese Eroberungen wieder in
Frage gestellt, als 1290 König Ladislaus ermordet und mit ihm
die gerade Linie des Königshauses der Arpaden erloschen war. Da
entschloß sich König Rudolf, welcher das Vorgehen seines Sohnes
in Ungarn entschieden gebilliget hatte, zu einem Schritte, der von
den nachhaltigsten Folgen für die südöstliche Staatengruppe Europas
geworden wäre. Er belehnte nämlich Albrecht am 31. August 1290
feierlich und öffentlich mit Ungarn. Das Verfügungsrecht über
dieses Land leitete Rudolf von jener Belehnung ab, die Kaiser
Friedrich II. an König Bela IV. vorgenommen, und deren Augenzeuge
er gewesen. Welche Zukunft würde sich dem habsburgischen Hause,
wenn die Erwerbung wirklich gelungen wäre, eröffnet haben! Und sind
nicht beide Ländermassen, Ungarn und die östlichen Alpenländer durch
die natürlichsten Verhältnisse, durch die Gliederung ihres Bodens
auf einander hingewiesen, in dem die ungarische Tiefebene und die
östlichen Alpenländer durch dieselbe Hauptpulsader des Verkehrs
zwischen Westen und Osten, zwischen Deutschland und Ungarn, die
Donau durchströmt und zugleich durch die Drau und Save mit=
einander verbunden werden? Welche Summe von Leiden wäre nicht
im Falle der Vereinigung Ungarn erspart worden! Das Haus
Zapolya wäre wol nie zu seiner traurigen Berühmtheit gelangt.

Allein der Plan Rudolfs kam nicht zur Ausführung, er
hatte diesen seinen Nachfolgern gleichsam als Erbteil hinterlassen.

Uebrigens war sich der deutsche König der Schwierigkeiten bewußt, und aus dem Umstande, daß er keinerlei Kriegsrüstung vornam, um seiner Verleihung mit dem Schwerte Nachdruck zu geben, ist zu schließen, daß ihm und seinem Sohne nur darum zu thun war, bei den Ansprüchen, die von verschiedenen Seiten auf Ungarn erhoben wurden, das Gewonnene zu behaupten und eine Handhabe zu weiteren Vergrößerungen in der Zukunft zu schaffen. Von der nationalen Adelspartei wurde ein noch lebender Sprosse des Arpadengeschlechtes, Andreas der Brudersohn Bela's IV. und nach seiner Mutter, der vornehmen Venetianerin Tomasina Morosini, gewöhnlich der Venetianer genannt, Albrecht entgegengestellt und als König gekrönt. Die Stellung Albrechts zu diesem Könige wurde bald eine feindliche, weil ersterer sich weigerte, die einst in dem Grenzkriege gegen Iwan von Güns eroberten Orte und Burgen herauszugeben. Andreas begann den Krieg, überschritt im Frühjahre 1291 mit einem ansehnlichen Heere die Leitha und verwüstete das ganze offene Gebiet von Wien bis Wiener-Neustadt auf das furchtbarste. Albrecht verfügte über zu wenig Streitkräfte, um dem Gegner die Spitze bieten zu können, daher schloß er den Frieden, der im August zu Stande kam, nach welchem die besetzten ungarischen Plätze geräumt, den Wiener Kaufleuten dagegen ein vorteilhafter Handelsvertrag zugestanden wurde. Die beiden Fürsten hatten sich zu Preßburg persönlich getroffen, Freundschaft geschlossen und einander gegen alle und jede Angreifer Beistand zugesagt, mit Ausname des Papstes und des künftigen deutschen Königs. Albrecht war so im Osten durch das nun befreundete Ungarn gedeckt und konnte seine volle Aufmerksamkeit den deutschen Verhältnissen zuwenden.

8. Die Krone Deutschlands.

Ein schwerer Schlag mußte es für den römischen König gewesen sein, als am 20. December 1281 der mittlere seiner drei Söhne, Hartmann, welcher zu den schönsten Hoffnungen berechtigte, und dem er die deutsche Krone zuwenden wollte, noch nicht zwei und zwanzig Jahre alt, in den Fluten des Rheines den Tod fand. Als nun der jüngere Rudolf von der Mitregierung in Oesterreich zurückgetreten, begann er allmälig Anstrengungen zu machen, um diesem die Nachfolge im Reiche zu sichern. Auch Rudolf hatte sich bei so manchen Gelegenheiten als fähig und tüchtig erwiesen und seine Hoffnungen auf die Nachfolge im Reiche konnten nicht unberechtigte genannt werden. Allein 1289 starb auch dieser in der Blüte seiner Jahre zu Prag, wohin er sich im Auftrage seines Vaters begeben, und von den Söhnen des Königs blieb Albrecht allein übrig.

Wenn etwas den Aussichten des jungen Rudolf günstig gewesen, so war es der Umstand, daß er keine bedeutende Hausmacht besaß. Anders stand es in dieser Beziehung mit Albrecht. Da traten die nachteiligen Folgen der Beschränkung des Wahlrechtes auf sieben Fürsten in recht trauriger Weise an den Tag. Denn so lange noch alle Fürsten an der Königswahl teilnamen, wählten sie einen Mächtigen, der als Herr und Schirmer auftreten konnte. Daher konnte Rudolf für Albrecht die Zusage der Wahlfürsten nicht erlangen, weil diese einer weiteren Befestigung der königlichen Gewalt entgegen zu arbeiten entschlossen waren.

Ihnen war das schon zu viel, was Rudolf zur Kräftigung der Königsgewalt gethan; nun wußten sie daß Albrecht seinen Vater an persönlicher Energie weit übertreffe und überdies im Besitze einer bedeutenden Hausmacht sei. Den Kurfürsten lag eben mehr ihre landeshoheitliche Unabhängigkeit als die Einheit und Machtstellung Deutschlands am Herzen. Diesen Gesinnungen und Stimmungen der Kurfürsten hat auch der dem Hause Habsburg abgeneigte Erzbischof von Mainz, Gerhard von Eppenstein, unumwunden in folgenden Worten Ausdruck gegeben: „Es sei nicht gut, daß der Sohn in der königlichen Würde auf den Vater folge. Zudem sei Albrecht von Oesterreich so gewaltig, wie kaum irgend ein Fürst des Reiches und viel mächtiger, als einst König Rudolf bei seiner

Wahl gewesen sei. Albrecht werde nicht blos den Fürsten kein neues Reichsgut überlassen, sondern auch, was sie davon bereits innehielten, ihnen mit Härte entreißen. Das Reich sei geordnet und in Frieden, es brauche also kein Fürst mit so starker Haus= macht gewählt zu werden." Weil also im Falle der Wahl Albrechts eine starke Centralgewalt in Aussicht stand, welche der Habsucht der Wahlfürsten nur hinderlich wäre, durfte dieser nach der Meinung des Mainzers nicht gewählt werden. Deshalb verhielten sich die Kurfürsten auf dem im Mai 1291 zu Frankfurt abgehaltenen Reichs= tage gegen den königlichen Vorschlag, ihre Stimme auf Albrecht zu vereinigen, ablehnend.

Nicht lange überlebte Rudolf diesen Reichstag, auf welchen seine Hoffnungen vereitelt wurden. Am 15. Juli 1291 schied er in Speier aus dem Leben. Was er für das Reich gethan, ist schon von Zeitgenossen gewürdiget worden. König Wenzel von Böhmen schrieb 1290, daß König Rudolf das Reich bei seiner Thronbe= steigung in seinen Teilen auf vielfache Weise geschmälert fand, durch Mühe und Anstrengung es zur Ruhe gebracht, die Glieder des Reichsganzen wieder verbunden und das Reich selbst ruhmvoll erweitert habe. Vor allem aber hatte das Bürgertum allen Grund, das Andenken dieses Herrschers hoch zu halten, denn an seine Regierung knüpft sich das Emporkommen des Städtewesens und hätte er nur Zeit genug gehabt, die Bundesgenossen, welche er sich in den Städten heranzog, zu einer dauernden Stütze der Reichs= gewalt zu organisieren, und hätte eine Reihe kraftvoller Nachfolger diese Politik beharrlich verfolgt, so würde im Verlaufe einiger Ge= nerationen die Centralgewalt so gestärkt worden sein, daß die Beugung der fürstlichen Landeshoheit und die Herstellung eines Einheitsstaates durch das bürgerlichen Element möglich gewesen wäre.

Aber die Kurfürsten hüteten sich wol einen kräftigen Nach= folger im Reichsregimente aufkommen zu lassen, welcher solchen Plänen hätte Vorschub leisten können. Daher wurde nach Rudolfs Tode der ganz machtlose Graf Adolf von Nassau gewählt. Diese

Wahl kann als das ureigenste Werk der geistlichen Kurfürsten be=
zeichnet werden, die zu diesem Behufe ein förmliches Triumvirat
schlossen, dessen Seele der Erzbischof Gerhard von Mainz gewesen.
Herrschsucht und Eigennutz waren die Triebfedern, von welchen sich
die Verbündeten leiten ließen. Weil Gerhard von Mainz keine
Hoffnung hatte, von Albrecht besondere Vorteile zu erlangen, so
setzte er alle Hebel in Bewegung, um dem tapferen und ritterlichen
aber wenig begüterten Grafen Adolf von Nassau die deutsche Krone
zu verschaffen. Unter diesem hoffte er nicht nur Deutschland der=
einst beherrschen, sondern auch die größten materiellen Vorteile
davon tragen zu können. Eine förmliche Mitregierung, einen Teil
der Reichseinkünfte, erhebliche Summen als Entschädigung für die
Wahlauslagen, Herrschaft über mehrere Reichsstädte waren die
Forderungen des Mainzers, welche Adolf auch in einem vertrags=
mäßigen Uebereinkommen bewilligte. Aehnliche Zugeständnisse mußte
Adolf den beiden Erzbischöfen Siegfried von Köln und Boemund
von Trier machen. Von den weltlichen Kurfürsten hatte der
Schwager Albrechts, Wenzel von Böhmen, seine einflußreiche
Wahlstimme blos dazu verwendet, um die Wahl des Habsburgers
zu hintertreiben. Da aber das Reich sieben Wahlfürsten zählte, so
war die Stellung Wenzels entscheidend. Die Verweigerung gewisser
Forderungen, welche Wenzel in Betreff der Mitgift seiner Gemalin
erhob, hatte die beiden Schwäger entzweit, Adolf sich dagegen ver=
pflichtet, diese Ansprüche Wenzels auf österreichischem Gebiete zur
Geltung zu bringen. Daher konnte Gerhard von Mainz am
5. Mai 1292 namens des Kurkollegiums Adolf von Nassau zum
römischen Könige proclamieren. Albrecht erschien bald darauf zu Hage=
nau, huldigte dem neuen König und nahm seine Länder zu Lehen.

9. Adelsempörungen in Steiermark und Oesterreich.

Die Geschichtsblätter berichten es, daß Regenten, welche zur
Aufrichtung einer starken und geordneten Staatsgewalt schritten,

wiederholt gegen einen übermächtigen Adel anzukämpfen hatten. Mußten in Ungarn nicht die Angiovinen gegen eine Oligarchie ankämpfen und ist nicht nach deren Niederwerfung das Land zu großer Macht gelangt? Hatte nicht Ferdinand II. gegen die Olyg= archie der Stände die schwersten Kämpfe zu bestehen? Ganz besonders ist aber die mittelalterliche Geschichte Oesterreichs vor und nach Albrecht reich an solchen Kämpfen, weil sich damals die landes= fürstliche Gewalt immer mehr zu befestigen suchte. Deshalb suchte der Landadel diese Gewalt ebenso zu schwächen, wie der Reichs= adel die Reichsgewalt untergraben hatte. Die nach selbstherrlicher Ungebundenheit strebenden Landherren ergriffen gegen den letzten Babenberger die Waffen, und auch gegen Ottokar von Böhmen, der seine landesfürstlichen Rechte geltend machen wollte, hatte sich seinerzeit der steirische Adel empört. Dieser gieng auch unter Albrecht zuerst zur Empörung über, welche sich um so gefährlicher anließ, da der Erzbischof von Salzburg und der Herzog von Baiern als Bundesgenossen den Aufständischen sich anschlossen. Diese ver= langten von Albrecht Bestätigung jener Freiheiten und Rechte, die ihnen schon vor einem Jahrhunderte bei der Vereinigung Steiermarks und Oesterreichs zugesichert worden waren. Albrecht war nicht abge= neigt dies zu thun; allein es mußte ihn erbittern, daß die Aufständi= schen ihrem Ansuchen zugleich die Drohung beifügten, im Falle der Nichtgewährung ihm den Gehorsam zu künden. „Durch Hochfart und Drohen lasse er sich nichts abzwingen", erwiderte Albrecht. Die un= botmäßigen Barone, geführt von Friedrich von Stubenberg, Ulrich von Pfannberg und Hartnid von Wilden, versagten nicht nur den Gehorsam, sondern giengen durch ihre Bündnisse mit Salzburg und Baiern zum offenen Landesverrathe über, dessen Ziel vollständige Trennung vom Hause Habsburg war.

Rasch sammelte nun Albrecht ein Heer, mit dem er mitten im rauhesten Winter, im Februar über den mit tiefem Schnee bedeckten Semmering zog. Sechshundert Bauern hatten mit Schaufeln dem Heere einen Weg durch Schnee und Eis gebahnt. Die kühne That, bewundert von den Zeitgenossen, erregte die größte Bestürzung bei seinen Gegnern. In Eilmärschen rückten die Truppen des Erzbischofs von Salzburg und des Herzogs von Baiern aus dem Lande. Von ihren Bundesgenossen verlassen, mußten sich die Steierer unter= werfen. Albrecht konnte nun die ganze Strenge des Gesetzes gegen die Aufrührer geltend machen; er konnte aber auch nach errungenem Siege verzeihen, ohne den Schein der Schwäche zu erwecken. Er that letzteres, bestätigte den Steirern ihre alten Freiheiten, der gefangene Stubenberger wurde begnadigt, ebenso die anderen, die sich unterwarfen.

Dieser steierische Aufstand war das Vorspiel zu einer Er= hebung der österreichischen Landherren. Es war nur der höhere Adel, die sogenannten „Herren" des Landes, die Grafen, Freien und die höheren Dienstmannen oder Ministerialen, welche in Niederöster= reich die Fahne des Aufruhrs erhoben. Sowie die Adelsempörung gegen den letzten Babenberger von dem vermöge seiner vielen Be= sitzungen mächtigen Brüderpaar der Kuenringe, namentlich von Heinrich, dem obersten Marschall von Oesterreich, geleitet wurde, so spielte auch unter Albrecht I. der Kuenringer Leutold eine der ersten Rollen. Er war das Haupt der Linie Dürnstein, da sich dieses reiche und stolze Haus um die Mitte des dreizehnten Jahr= hunderts in die Linien Dürnstein und Weitra teilte.

Leutolds Besitz umfaßte außer Dürnstein, dem Stammhause seiner Linie, noch siebzehn Burgen, neun Städte und Märkte, ferner bei siebenundzwanzig Dörfer und Güter, und in der landschaftlich so schönen Wachau besaßen die Kuenringer so viele Güter und Weinberge, daß sie sich mit Recht Herren der Wachau nennen konnten. Und dieses große Besitztum wurde nach einigen Gene= rationen zerschlagen und von Dürnstein und Aggstein, wo das einst so mächtige Geschlecht gehaust, spiegeln sich jetzt die Ruinen in dem majestätischen Donaustrome! Der Kuenringer Leutold ent= wickelte eine fieberhafte Thätigkeit bei diesem Aufstande.

Er reiste im Lande umher, um Teilnemer zu gewinnen, suchte die Adelssitze auf und knüpfte mit Iwan von Güns Ver=

bindungen an. Von den Zeitgenossen wird ferner jener Konrad von Summerau als einer der Führer des Aufstandes genannt, der schon unter Ottokar ein Gegner Rudolfs gewesen, nach dessen Sturze das Einverständnis mit dem böhmischen Hofe aufrecht hielt, und 1284 mit Albrecht in Kampf gerathen war, weil er diesem offen den Gehorsam verweigert und die von ihm besetzten landes= fürstlichen Burgen nicht herausgeben wollte; auch Albero von Puch= heim und Heinrich von Liechtenstein werden zu den Führern gezählt.

Sowie unter Friedrich II. war es auch bei diesem Aufstande den Empörern vorzugsweise darum zu thun, eine freiere, unab= hängigere Stellung gegenüber dem Landesherrn zu erringen. Albrecht sollte ihnen Rechte bestätigen, welche weder Ottokar, noch Rudolf und auch nicht Albrecht als Reichsverweser sanctioniert hatten. Die Dienstmannen wollten Freie werden und unmittelbar unter das Reich kommen. Hindernd standen ihnen hiebei die von Albrecht aus seinen Stammlanden mitgenommenen Dienstmannen im Wege, welche man allgemein Schwaben, auch Baiern und kurzweg die Fremden nannte. Obwol der österreichische Adel sich durchaus nicht über Zurücksetzung beklagen konnte, so war dieser doch deshalb erbittert, weil Albrecht mehr dem Rathe dieser tüchtigen und ver= läßlichen schwäbischen Herren als ihrer Meinung folgte und ihnen hohe mit reichem Einkommen und großem Ansehen verbundene Würden verlieh.

So bekleidete Hermann von Landenberg die Würde eines Land= Marschalls und Eberhard von Wallsee die des obersten Hofrichters. Es wollten nun die Aufständischen diese Schwaben als eingewanderte Fremde vertreiben, auf daß dann mit Hilfe des Königs Adolf die Vertreibung des Herzogs als eines Fremden nachfolgen könne. Die Unzufriedenen wollten ferner einen besonderen Gerichtsstand in dem sogenannten „Hofteiring", bei dem sich allein Grafen, Freie und Ministerialen gegenseitig belangen, Ritter und Knechte aber aus= geschlossen sein sollten und ebenso, daß den Rittern das Recht, Burgen zu besitzen, genommen werde.

Weil aber schwerlich darauf zu rechnen war, daß sich die Bürger für eine Vermehrung der Adelsprivilegien erwärmen würden, nam man unter die Beschwerden noch die vielen Geldsendungen des Herzogs in seine Stammlande auf, um daselbst Städte und Gebiete zu kaufen, während in Oesterreich selbst weder fromme Stiftungen gemacht, noch Burgen zum Schutze des Landes erbaut würden, wie es doch seine Vorfahren, die früheren Herzoge von Oesterreich gethan hätten. Sicherlich dürften die Summen dieser Geldsendungen durch das Gerücht weit über die Wirklichkeit vergrößert worden sein.

Die Empörer mußten wol in Erwägung gezogen haben, daß der thatkräftige Albrecht seine Herrscherrechte mit Muth und Kraft verteidigen werde; daher hatten sie sich, um des Erfolges sicher zu sein, um auswärtige Hilfe umgesehen und hiebei außer auf Iwan von Güns, noch auf Wenzel von Böhmen und vor allen auf Adolf von Nassau gerechnet. Ja der Reimchronist Ottokar von Horneck beschuldiget Adolf geradezu, die österreichischen Landherren aufgewiegelt zu haben, eine Anklage, die durch die spätere Aufname eines der Häupter der Anstständischen an seinem Hofe an Wahrscheinlichkeit gewonnen hat.

Nachdem so das Netz um Albrecht gezogen war, lauerten die Empörer auf einen günstigen Moment zum Losschlagen. Dieser schien nach ihrer Meinung für sie gekommen zu sein, als sich um das Martinsfest 1295 das Gerücht durch Oesterreich verbreitete, daß Albrecht gestorben wäre.

Als nämlich dieser am Martinstage in der Wiener Hofburg speiste, fühlte er plötzlich alle seine Kräfte schwinden und der Argwohn, er habe Gift genommen, bemächtigte sich seiner. Kaum hörten die aufwartenden Pagen, Pilgrim und Albero, Söhne des Truchsessen Albrecht von Puchheim, Worte des Verdachtes aussprechen, so verzehrten sie, um jede Schuld von sich abzuwälzen, eine große Menge der vorhandenen Speisen, bis man auf Albrechts Befehl es ihnen mit Gewalt wehrte. Die herbeigerufenen Aerzte erklärten das Unwohlsein des Herzogs als eine Folge der Vergiftung, ge= brauchten Gegenmittel und als sich diese unzureichend erwiesen, wendeten sie eine damals oft übliche Kur an: sie ließen ihn bei den Füßen aufhängen, damit das Gift sich nach unten senke und durch Augen, Ohren, Nase und Mund ausströme. Albrecht verlor die Besinnung und hing längere Zeit bewußtlos da, so daß man ihn für todt hielt. Daher konnte sich im Lande das Gerücht verbreiten, daß er gestorben sei, eine Nachricht, die von den unzufriedenen österreichischen Landherren mit Freude begrüßt wurde, in der Meinung, die Zeit sei gekommen, die Herrschaft des Hauses Habsburg abzuschütteln. Sie thaten auch sofort die ersten Schritte hiezu, indem sie sich in Gewaltthaten und räuberischen Angriffen gegen des Herzogs Anhänger ergiengen.

Allein Albrecht war nicht todt. Nach einiger Zeit kam er wieder zu sich und genas langsam, nur hatte er in Folge des furchtbaren Blutandranges ein Auge verloren. Wie ein Donner= schlag wirkte die Nachricht von der Genesung auf die Verschwornen. Da sie jedoch schon zu weit gegangen waren, um noch auf Albrechts Gnade rechnen zu können, kamen sie in Stockerau zusammen, um dort über ihre weitere Haltung zu berathen.

Sie beschlossen Abgeordnete an Albrecht zu schicken, welche ihre Beschwerden vorzutragen hätten, mit dem Grafen Iwan von Güns und König Wenzel Verbindungen anzuknüpfen und den König Adolf von Nassau um sofortiges Einschreiten zu ersuchen. Albrecht nam die Abgeordneten freundlich auf, obwol sie offenen Abfall in Aussicht stellten, und verlangte, daß sie ihm ihre Beschwerden schriftlich überreichen. Offenbar wollte der Herzog nur Zeit gewinnen, um Streitkräfte aus seinen Stammlanden heranzuziehen. Als nun aufmunternde Nachrichten von König Wenzel und Iwan von Güns einlangten, beschlossen die Aufständischen auf dem Tage zu Trüben= see mit hochgespannten Forderungen vor den Landesfürsten zu treten.

Mittlerweile hatte dieser aber treue Dienstmannen aus den Vorlanden herbeigezogen und mit diesen und seinen Getreuen bei

Wien ein Lager bezogen. Weitere Unterstützung fand Albrecht an dem niederen Abel, sowie an den Bürgern der Städte. Erstere waren durch das verbreitete Gerücht, die Aufständischen wollen die Einheit des Herzogtums zersplittern und Niederösterreich in vier Markgrafschaften zerteilen, sowie über das stolze, selbstbewußte Auftreten der Landherren und über deren Absicht, den niederen Abel in gänzliche Abhängigkeit vom höheren zu bringen, erbittert. Unter den Städten erklärte sich Wien am entschiedensten für den rechtmäßigen Fürsten, welche Treue der Herzog durch eine Bekräftigung der hergebrachten Rechte und guten Gewohnheiten und einer um= fassenden neuen Stadtordnung am 12. Februar 1296 belohnte.

Daher war das Scheitern des so großartig angelegten Planes entschieden. Ohne es auf einen Widerstand im offenen Felde an= kommen zu lassen, wandten sich die Meisten der Verschwornen an Albrecht um Gnade. Dieser, gegen Drohungen unbeugsam, den Reuigen aber gerne verzeihend, nam sie unter der Bedingung wieder zu Gnaden auf, daß die Hauptanstifter des Aufstandes ihm ihre besten Burgen auslieferten. Leutold von Kuenring und Konrad von Summerau setzten aber den Widerstand von ihren Burgen aus fort. Nachdem der Kuenringer vergeblich in Prag bei König Wenzel um Hilfe angesucht, unterwarf sich auch dieser nach seiner Rückkehr in die Heimath und erhielt Verzeihung; nur mußte er als Unter= pfand seiner Treue mehrere Burgen auf einige Jahre überantworten und durch einen Eid sich verpflichten, Albrecht und seinen Kindern mit aller seiner Macht „wider männiglich und besonder wider den Chunik von Rom" beizustehen. Der Kuenringer hat diesen Eid auch getreulich gehalten. Nicht so Konrad von Summerau, der, nachdem seine Burgen gebrochen waren, das Land verlassen mußte und sich zu König Adolf nach Deutschland begab, um diesen gegen seinen früheren Landesherrn anzureizen.

So wurde auch von diesen Aufständischen, ebensowenig wie von den steierischen, Niemand mit dem Schwerte oder auch nur mit Gefängnis bestraft. Albrecht's versöhnlicher Charakter hatte sich hiebei im schönsten Lichte gezeigt. Ihm genügte es, dem Lande den Frieden gegeben, und sein Ansehen, seine landesfürstliche Autorität gewahrt zu haben.

10. Herzog Albrecht und König Adolf.

Wenn Albrecht sich vom Kuenringer auch Treue gegen König Adolf schwören ließ, so mußte zwischen ihm und Adolf, wenn auch nicht thatsächlicher Kampf, so doch erklärte Feindschaft bestanden haben. In der That hatte Adolf aus seiner Feindschaft gegen Albrecht nie Hehl gemacht. Er setzte die Anhänger des Hauses Habsburg bei der Besetzung der Reichsämter zurück, stand dem Aufstande des unzufriedenen österreichischen Adels nicht ferne, nam den flüchtigen Conrad von Summerau gastlich auf und begünstigte den Erzbischof von Salzburg in ungerechter Weise in seiner Fehde mit Albrecht. Konnte man es daher diesem verübeln, daß sich bei ihm der Argwohn regte, der deutsche König habe es geradezu auf sein Verderben abgesehen und wolle ihn seiner Länder berauben. Mußte er hierin nicht noch bestärkt werden, als bei Adolf in Frankfurt Boten schweizerischer Landleute erschienen, und dieser, entgegen den erblichen Rechten der Habsburger, sie als reichsunmittelbar erklärte! War Albrecht bei solchem feindseligen Benemen nicht genötigt, sich selbst, und sei es auch durch offenen Kampf den Weg zum deutschen Throne zu bahnen? In der That sahen sich die Habsburger durch fast zwei Jahrhunderte jedesmal in ihrem wohlerworbenen Besitze bedroht, so oft die deutsche Krone in andere Hände gekommen war. Mit welcher Feindschaft traten nicht die Luxemburger und Wittelsbacher gegen das aufstrebende Haus auf?

Eine bestimmtere Gestalt erhielt der Plan Albrecht's, als König Adolf sich auch mit den Kurfürsten verfeindete. Adolf war von den Kurfürsten zum Könige gewählt worden, weil sie hofften, ihn als Werkzeug benützen und durch ihn das Reich ausbeuten zu können. Die Menge leichtsinniger und deshalb schwer zu erfül-lender Versprechungen, die er gemacht, hatten sie in ihren Hoff-

mungen nur bestärkt. Obwol nun Adolf das Reichsgut massenhaft
an die Kurfürsten verschleuderte, so hatte er hiermit nur seine
eigene Macht geschwächt, die der Fürsten dagegen gehoben, ohne
ihre Wünsche vollends befriedigt zu haben. Ganz besonders war
dies bei dem Mainzer der Fall, der ja deshalb Adolfs Wahl so
eifrig betrieben, um die größten materiellen Vorteile davon zu
tragen und die Leitung der gesammten Reichsgeschäfte in seine
Hände zu bekommen. Als nun Adolf das Drückende und Be-
schämende seiner Lage erkannte, suchte er sich durch Begünstigung der Reichsstädte und Gründung einer Hausmacht derselben
zu entziehen. Meißen und Thüringen waren hiezu in Aussicht genommen.

Das erstere war nach Friedrich's kinderlosem Tode für ein
erledigtes Reichslehen erklärt und später von Adolf besetzt worden;
in Thüringen wurde die Erbfolge von ihm erkauft. Allein hiedurch
hatte er den Unwillen jener Fürsten erregt, die sich, wie Wenzel
von Böhmen, selbst Rechnung auf die meißnischen Länder gemacht,
und ganz besonders fühlte sich Gerhard von Mainz verletzt, der
aus Thüringen einen großen Teil seiner Einkünfte bezog und
daher dort eine königliche Hausmacht nicht aufkommen lassen wollte.

Aber in demselben Maße, als die Stellung Adolfs immer
schwieriger wurde, hatte sich die Albrechts mehr gefestigt. Mit
seinem Schwager, Wenzel von Böhmen, war er ausgesöhnt, und
seine Lieblingstochter Agnes vermählte er 1296 mit dem König
Andreas III. von Ungarn, wodurch er seinem Hause eine neue
Stütze erwarb. Der eingetretene Wendepunkt in der Stellung
Adolfs und Albrechts trat recht auffällig bei dem großen Krönungs-
feste, das zu Pfingsten 1297 in Prag abgehalten wurde, hervor.
Mit einer nie gesehenen Pracht und einem fast an das Unglaub-
liche grenzenden Aufwande ließ sich König Wenzel II. im St. Veits-
dome auf dem Hradschin von dem Kurfürsten Gerhard von Mainz
die Krone auf's Haupt setzen. Die Kurfürsten von Sachsen und
Brandenburg, der Herzog Albrecht von Oesterreich, mehr als

zwanzig fürstliche Personen, der Erzbischof von Magdeburg nebst vielen Bischöfen, zahlreiche Grafen und Herren und Tausende von Rittern waren Zeugen der Feierlichkeit.

Die in Prag anwesenden Kurfürsten besprachen sich auch über den Zustand des Reiches und waren mit den Plänen Albrechts, der gegen Adolf offen rüstete, ganz und gar einverstanden, woraus Albrecht den Schluß zog, daß die Zeit des Handelns für ihn gekommen sei. Noch mehr wurde er hierin durch jene Fürstenversammlung bestärkt, die Anfang Februar 1298 in Wien gelegentlich der Verlobung zwischen den Kindern der Könige Wenzel und Andreas abgehalten wurde, zu welcher sich neben diesen Königen auch der Herzog Albrecht von Sachsen, der Markgraf von Brandenburg und andere Fürsten eingefunden hatten. Die Absetzung und der Krieg Albrechts gegen Adolf ward hier beschlossen, auf daß ersterer seiner eigenen Vertreibung durch letzteren zuvorkomme. Denn daß diese Gefahr im Anzuge war, erhellt aus den Worten, welche Albrecht dem ihm vom Zuge gegen Adolf abrathenden Bischofe von Freising zurief: „Mir ist lieber, ich fechte dort oben um das Seinige, als er um das Meinige, wenn er herniederkäme".

11. Der Kampf um das Reich.

In der letzten Februarwoche 1298 brach Albrecht mit seinem Heere, das er durch ungarische und böhmische Hilfstruppen verstärkt hatte, von Wien auf. Ehe es jedoch zwischen den Gegnern zum Entscheidungskampfe kam, ward am 23. Juni unter dem Vorsitze des Erzbischofs Gerhard Gericht über Adolf gehalten. Anwesend waren außer dem Mainzer die Kurfürsten von Sachsen und Brandenburg, zugleich mit Vollmachten versehen von Köln, Böhmen und der Pfalz, nebst zahlreichen Reichsständen. Die Anklage wurde gegen Adolf erhoben, daß er den Landfrieden gebrochen, weltliche und geistliche Fürsten gekränkt und auf das Verderben der Fürsten gesonnen habe. Dieserhalb werde Adolf des Königstums entsetzt und alle Unterthanen des Eides der Treue gegen ihn entbunden. Albrecht stand nun nicht mehr als Unterthan seinem Herrn, dem abgesetzten Könige, gegenüber, dessen Sturz noch durch eine offene Schlacht herbeizuführen war. Diese wurde auch am 2. Juli desselben Jahres geschlagen.

Sowie sich der Ahnherr des habsburgischen Hauses, König Rudolf, durch die Marchfeldschlacht seinen Feldherrnruf gesichert, so hat Albrecht in dem Feldzuge gegen Adolf sich als geschickter und tüchtiger Heerführer bewiesen.

Aber nicht blos durch diese vorzügliche Kriegsleistung, auch durch die Erfindung einer neuen Fechtart hat Albrecht nicht wenig zur Begründung seines militärischen Rufes beigetragen. Er führte bei seinen leichten Truppen spitzige Schwerter ein, welche diese nicht gegen die Ritter, sondern gegen die feindlichen Rosse zu kehren und diese niederzustechen hatten. Dadurch gerieth aber nicht blos die feindliche Reiterei in Verwirrung, sie verlor auch zumeist den seines Pferdes beraubten Ritter, der in seinem Eisenpanzer durch seinen Sturz Schaden litt und sich dann ergeben mußte. Dieses Manöver, bei Göllheim angewendet, hat wesentlich zur Entscheidung beigetragen.

Ungefähr fünf Stunden oberhalb Worms, in einem von Bergen und Hügeln umschlossenen Thalgrunde, im Angesichte des Donnersberges, unweit Göllheim, wo Albrecht an den Hasenbühl sein Lager gelehnt, kam es am 2. Juli 1298 zum blutigen Waffengange, in welchem Adolf das Reich und sein Leben durch zwei Grafen, den Rauhgrafen und den Wildgrafen, verlor.

12. Albrecht I., König von Deutschland.

Noch im selben Monate, in welchem der Kampf um das Reich zu Ende geführt wurde, am 28. Juli, wurde zu Frankfurt unter Beobachtung der herkömmlichen Formen von den drei geistlichen Kurfürsten, sowie von dem Kurfürsten Rudolf von der Pfalz,

3*

Albrecht von Sachsen und Otto von Brandenburg, Albrecht zum deutschen König gewählt. Die Krönung fand in der Krönungsstadt der deutschen Könige, zu Aachen, statt. Sämmtliche Kurfürsten, König Wenzel von Böhmen ausgenommen, waren Zeugen dessen, wie zum ersten Male das Haupt eines Herzogs von Oesterreich mit der römischen Königskrone geschmückt wurde. Der Erzbischof Wigbold von Köln nam die ihm zustehende Krönung vor. Seinen ersten Reichstag schrieb König Albrecht auf Martini nach Nürnberg aus. Eine glänzende Versammlung hatte sich zur festgesetzten Zeit in dieser Reichsstadt eingefunden. Sämmtliche Kurfürsten, viele geistliche und weltliche Fürsten, Hunderte von Grafen und Herren und Tausende von Rittern waren herbeigeströmt, um das Fest zu verherrlichen. Ebenso waren zu diesem festlichen Tage Vertreter der ersten österreichischen und steierischen Herren und Ministerialen-Geschlechter in großer Anzahl erschienen, so die beiden Kuenringe, Leutolt und Albero, der Marschall von Oesterreich, Stephan von Maissau, der Kämmerer Nikolaus von Eberstorf, der Marschall von Steiermark Hartnid von Wildon, die Edlen Heinrich von Stubenberg, Ulrich von Kapellen, die Gebrüder von Wallsee, Hermann von Landenberg, Ulrich von Prueschirch und andere, da ein höchst wichtiger, für die habsburgischen Länder sehr bedeutungs= voller Act in Aussicht stand.

Die zuerst vorgenommene Handlung war die Krönung der Gemahlin Albrechts, Elisabet, zur römischen Königin, die am 16. November stattfand. Bei dem festlichen Krönungsmahle, das hierauf nach alter Sitte gegeben wurde, versahen die Kur= fürsten die Reichsämter, und zwar der Pfalzgraf das Amt eines Truchseß, der Markgraf von Brandenburg das eines Kämmerers, der Herzog von Sachsen das Marschallsamt. König Wenzel von Böhmen verrichtete, wie es heißt, erst nach einigem Sträuben, mit der Krone auf dem Haupte, das Amt des Reichsmundschenken.

Fünf Tage nach der Krönung Elisabets, am 21. November, belehnte Albrecht unter freier und ausdrücklicher Zustimmung der

Kurfürsten, Rudolf, Friedrich, Leopold und seine übrigen Söhne unter den üblichen Feierlichkeiten durch Ueberreichung der Fahnen mit den Herzogtümern Oesterreich und Steiermark, sowie mit den Herrschaften Krain, der Mark und Portenau und erhob sie zu Fürsten des Reiches, worauf diese ihm als ihrem Herrn den Eid der Treue schworen und die Huldigung leisteten. In Folge erhobener Vorstellungen der Oesterreicher und Steirer, welche eine Trennung der Herzogtümer für alle künftigen Fälle vermieden wissen wollten, bestimmte Albrecht, daß trotz der Totbelehnung des Hauses Habsburg doch nur der ältere von seinen Söhnen, Rudolf, die Herrschaft über beide Herzogtümer führen solle. An diesen, als ihren neuen Regenten, wurden von Albrecht die Edlen der beiden Länder gewiesen und mit väterlicher Sorgfalt und Liebe zur treuen Ergebenheit zu ihm ermahnt. Dem jugendlichen vierzehnjährigen Herzog glaubte indeß Albrecht erfahrene, sein volles Vertrauen genießende Führer beigeben zu müssen und erkor hiezu Hermann von Landenberg und die Brüder Wallsee. Von Nürnberg zog Rudolf nach Wien, empfing daselbst die Huldigung der Stände und begab sich zu Ende des Faschings 1299 nach Wiener-Neustadt, wo ihm die Steirer das Gelöbnis der Treue leisteten. Gewiß ließ sich Albrecht bei dieser Belehnung von der Ueberzeugung leiten, daß nur so sein Haus in Oesterreich, als seinem erblichen Besitze, Wurzel fassen könne; anderseits war er sich dessen bewußt, daß er im Besitze einer ansehnlichen Hausmacht nicht zum Spielball der Kurfürsten erniedrigt werden könne.

Daher behielt er in den Erblanden die eigentliche Gewalt in seinen Händen, und führte Rudolf mehr nominell die Regierung.

Nach alter Sitte machte Albrecht nach dem Nürnberger Reichstage den Ritt durch das Reich, allüberall Beweise gebend, daß Deutschland sich wieder einer starken Regierung erfreue, daß der Schwache nicht mehr dem Mächtigen erliege, daß dauernder Friede in Aussicht stehe. Allein um letzteren zu begründen, blieben Albrecht Kämpfe nicht erspart. Denn dieser war zumeist von den Reichsfürsten, den geistlichen sowol, als den weltlichen, und allen voran von dem Kurfürsten von Mainz arg bedroht, welche durch ungebühr= liche Zölle und Gewaltthätigkeiten aller Art die niederen Volks= klassen, Bürger und Bauern, arg drückten. Das Gefühl für die Würde, Ordnung und Machtstellung des Reiches war bei diesen Fürsten eben vollends untergegangen. Sie schlossen sich an das Reichsoberhaupt an und bekämpften es, je nachdem es ihr Vor= teil gebot. Daher hatte sich bei Albrecht die Ueberzeugung immer mehr Bahn gebrochen, daß nur unter einer starken Centralgewalt die schirmende Hand des Königs jeden Rechtsbruch hintanhalten und Deutschland sich selbst angehören könne. Das sei jedoch nicht denkbar, wenn fort und fort Regenten aus verschiedenen Häusern von den selbstsüchtigen Kurfürsten gewählt werden; nur das Erb= kaisertum konnte der Grund= und Schlußstein eines mächtigen Deutschlands sein. Ist nicht die deutsche Geschichte im vierzehnten Jahrhunderte eine der unerquicklichsten, ob des tiefen Verfalles jener kaiserlichen Macht, deren Träger drei verschiedenen Regentenhäusern entnommen wurden? Gieng nicht Deutschland wiederholt seiner Auflösung, seinem Ruine entgegen, als dieses der Herrschaft seiner Fürsten verfallen war, die, Feinde einer jeden Reichsordnung, fort= während deren Untergang berechneten? Haben nicht weltliche und geistliche Kurfürsten Felonie getrieben, ja Reichsfeinde von allen Seiten her in's Land gerufen, und hat nicht das Haus Habsburg bis zuletzt alle Kräfte und Kosten zur Erhaltung der nationalen Einheit getragen? Welches Los Deutschland zugefallen wäre, wenn es nicht ein gütiges Geschick dem habsburgischen Hause zugeführt, deutet eine der Zierden der deutschen Wissenschaft, der große Denker Leibnitz, mit den Worten an: „Ich halte es für gerecht, dem Hause Oesterreich es beizumessen, daß Deutschland noch auf= recht steht, daß der Name des Reiches nicht untergegangen ist". Mit nichten war es daher Ländergier und Habsucht, sondern klare, scharfsichtige Politik, nach welcher Albrecht zur Begründung der Macht und Einheit Deutschlands den Plan erfaßte, die öster=

reichische Erbmonarchie auf ganz Deutschland auszudehnen. Daß aber die Herstellung der Reichseinheit und die Erhebung der Königs= gewalt über die fürstliche an den Kurfürsten die hartnäckigsten Widersacher finden werde, davon war Albrecht im Vorhinein über= zeugt, und traf auch dem entsprechend seine Maßregeln. Er ahmte seinen Vater in der Begünstigung der Reichsstädte nach, milderte den Steuerdruck und sorgte durch Straßen und Wege für Handel und Verkehr. Gestützt auf das bürgerliche Element glaubte er gegen die Feindseligkeit der Kurfürsten hinlänglich gewappnet zu sein. Diese kam auch bald zum Ausbruche.

Zwischen dem habsburgischen und kapetingischen Hause war eine Familienverbindung in Aussicht genommen. Albrechts ältester Sohn Rudolf sollte des französischen Königs Philipp IV. Schwester Blanca heiraten, und die Vermählung sollte endgiltig bei einer Zusammenkunft beider Herrscher stattfinden. Diese erfolgte auch zu Quatrevaux in der Nähe von Toul im December 1299. Die vier rheinischen Kurfürsten waren im Gefolge des deutschen Königs. Dieser glaubte nun hier mit seinem Wunsche nach der Kaiser= krönung und der Wahl seines Sohnes, des Herzogs Rudolf, zum römischen Könige hervortreten zu können. Zum Dolmetsch dieses Wunsches machte sich Philipp von Frankreich, der von den Kur= fürsten verlangte, „es soll Herzog Rudolf, sobald sein königlicher Vater in Rom die Kaiserkrone erhalten habe, zum römischen König erwählt und ihm Burgund übergeben werden". Würde dieses geschehen sein und sich einige Male wiederholt haben, so könnte sich allmählig ein Erbrecht des Hauses Habsburg im deutschen Reiche herausbilden.

Allein die Kurfürsten waren nicht im entferntesten gewillt die mit ihrem Wahlrechte verknüpften Vorteile der Wohlfahrt Deutschlands zum Opfer zu bringen und traten dem Vorhaben Albrechts, das Königtum erblich zu machen, entgegen. Ohne Scheu lieh Gerhard von Mainz seiner Feindseligkeit gegen das habsbur= gische Haus wieder offene Worte. So wie er einst nach Rudolfs Tode

die Wahl Albrechts hintertrieben, so erklärte er jetzt ganz unum=
wunden, er werde nie zugeben, daß man die deutsche Krone bei
Lebzeiten des Königs dessen Erben übergebe. Ebenso wie Gerhard
war auch der Kurfürst von Köln dem Plane Albrechts abgeneigt,
und beide verließen voll Trotz Albrecht und trafen sofort Anstalten,
einen Bund gegen diesen zusammenzubringen. Wirklich gelang es
ihnen auch noch die beiden anderen rheinischen Kurfürsten zu ge=
winnen und zu Heimbach am Rhein ein Schutz= und Trutzbündnis
gegen „Albrecht, den Herzog von Oesterreich, der nun König des
deutschen Reiches geheißen werde", zu schließen. Diese Kurfürsten
hatten also nichts Geringeres, als die Absetzung Albrechts geplant
und glaubten ihrer Sache um so gewisser zu sein, als auch der
Herzog von Sachsen und der König von Böhmen, der das Wachs=
tum von Albrechts Macht mit Neid ansah, mit ihnen Verbin=
dungen anknüpfte.

Doch Albrecht war nicht der Mann, der sich Krone und
Szepter ohne Kampf entreißen ließ. Er traf sofort Anstalten, um
den Hochmut seiner kurfürstlichen Gegner zu brechen. Am ersten
glaubte er dieses Ziel mit Hilfe der rheinischen Städte erreichen
zu können. Der Rhein, jene große Handels= und Verkehrsstraße
zwischen Nord und Süd, zwischen Holland und der Schweiz,
England und Italien, mit seinen zahlreichen Städten an seinen
Ufern, dieser Hauptstrom deutscher Lande, war mit so hemmenden
Fesseln belegt, daß dem Handel die volle Rührigkeit genommen
ward. Insbesondere hatten die drei geistlichen Kurfürsten eigen=
mächtig neue Zölle angelegt und hiebei ein wahres Erpressungs=
system verkörpert. Albrecht hatte sich bei längerem Aufenthalte in den
Rheinstädten von der Notwendigkeit des freien Verkehres überzeugt,
und führte nun einen Hauptschlag gegen die trotzigen rheinischen Kur=
fürsten, indem er in einem am 7. Mai 1301 erschienenen Manifeste
an die vornemsten Rheinstädte den Rheinstrom für frei und alle
Zölle und Abgaben für aufgehoben erklärte und zugleich die Städte
ermächtigte, den Zollerhebern mannhaften Widerstand zu leisten.

41

Der Kampf mußte nun entbrennen. Die Städte rüsteten sich durch Bündnisse, während Albrecht mit einem ansehnlichen Heere seine Gegner aufsuchte und einen um den andern unterwarf. Der stolze Gerhard von Mainz mußte selbst mit seinen Reisigen dem Heere Albrechts zur Unterwerfung seines früheren Bundesgenossen, des Erzbischofs von Köln, folgen. Gegen Schluß des Jahres 1302 war es mit der kurfürstlichen Herrlichkeit zu Ende. Die Besiegten mußten die Reichsgüter, die sie unter den letzteren Königen für ihre Wahlstimmen erpreßt hatten, herausgeben, alle Zölle, bis auf wenige, im alten Rechte begründete, auflassen, mehrere Burgen brechen und die Verpflichtung eingehen, dem Könige in jedem Kriege Hilfe zu leisten und sich nie gegen ihn zu empören.

Albrecht hatte durch die Unterwerfung der rheinischen Kur-fürsten nicht blos den Rheinstädten die wichtigsten Dienste geleistet und deren Wohlfahrt mächtig gefördert, er hatte durch sein mann-haftes Auftreten auch die Reichseinheit hergestellt und die königliche Gewalt über die fürstliche erhoben. Die deutsche Geschichte zählt nur wenige Könige auf, denen dieses gelungen. Vor ihm waren es der gewaltige Rothbart und sein Sohn Heinrich VI., nach ihm Karl V. und Ferdinand II. aus dem habsburgischen Hause. Ehe Friedrich I. unter dem Kreuze Deutschland verließ, war ihm die Demütigung seiner fürstlichen Gegner gelungen, ebenso wie es seinem Sohne Heinrich VI. gelang, die Opposition lahm zu legen, und seine Autorität fest zu stellen. Und auf welcher Machthöhe war nicht Karl V. nach dem Siege bei Mühlberg angelangt! Oder Ferdinand II. vor dem Erscheinen des Restitutionsedictes, als der Kaiser seine Armeen durch ganz Deutschland gelagert hatte und die kaiserlichen Fahnen von den Alpen bis zur Nord- und Ostsee wehten!

Aber sowie die Machtstellung Carls V. und Ferdinands II. zu Falle gebracht wurde durch eine Partei deutscher Fürsten, deren Herz und Sinn lieber nach dem Louvre als nach der Burg zu Wien gerichtet war, eine Partei, welche in treuloser und verrätherischer Weise die Hand zur Schmälerung deutschen Bodens bot; ebenso giengen die Früchte von Albrechts segensreicher Thätigkeit durch die Selbstsucht und Pflichtvergessenheit jener Fürsten verloren, denen das Recht zukam, die Krone auch dem Unfähigsten zu ver= leihen, wenn er nur der Meistbietende war und der Vielregiererei und Vielstaaterei nicht entgegen zu treten erklärte. Hiemit war aber der Schwerpunkt der Regierung vom Haupte in die Glieder ge= rückt, und Deutschland mußte so als Wahlreich über kurz oder lang zu seiner Auflösung geführt werden.

Deutschland fiel hiedurch nur jenem Schicksale anheim, das die meisten Wahlreiche ereilte. Das Westgothenreich in Spanien wurde als Wahlreich eine Beute der Araber; das einst so mächtige Polenreich datiert seinen Verfall von der Zeit an, als es Wahl= reich wurde; in Ungarn führte das Wahlrecht der Großen dazu, daß länger als ein Jahrhundert hindurch in einem Teile des Landes nach dem Koran Recht gesprochen wurde. Und erst dann, als die ungarische Krone im habsburgischen Hause erblich geworden, konnte das unter dem Säbel der Türken gefallene Magyarenreich in seiner alten Ausdehnung wieder hergestellt und durch seine bleibende Vereinigung mit den österreichischen Erbländern vor dem Schicksale Polens bewahrt werden.

Nach der Unterwerfung der rheinischen Kurfürsten war der Widerstand der Fürsten gebrochen und Albrecht der Erfüllung seines sehnlichsten und im Interesse Deutschlands gelegenen Wun= sches, seine Söhne und Enkel zu Erben des großen deutschen Reiches zu machen, um vieles näher gekommen. Bald wurde jedoch seine Aufmerksamkeit durch Vorgänge in den beiden Nachbarstaaten Ungarn und Böhmen in Anspruch genommen, Vorgänge, welche bei Albrecht die weitaussehendsten Pläne zur Reise brachten. Mit seinem Schwiegersohne Andreas III. war 1301 der Mannesstamm der Arpaden erloschen. Bei der Wahl des Nachfolgers schieden sich die Großen des Landes in zwei Parteien. Die eine wollte Wenzel von Böhmen, die andere den Prinzen Karl Robert von Sicilien zum Könige wählen. Obwol nun Albrecht sowol zu Wenzel als zu Karl Robert in einem Verwandtschaftsverhältnisse stand, wollte er doch aus mehrfachen Gründen letzteren lieber als Nachfolger Andreas III. sehen. Wenzel hatte ja in den letzten Kämpfen mit den rheinischen Kurfürsten Albrecht gegenüber eine feindselige Haltung eingenommen, er war überdies König von Polen und die Herrschaft der Premysliden hiemit schon zu großer Macht angewachsen. Als nun eine bedeutende Magnatenpartei Wenzels II. gleichnamigen Sohn nach Ungarn gezogen und als Ladislaus V. zu Stuhlweißenburg krönen ließ, mußten sich Albrechts Besorgnisse nur noch mehr steigern.

Nicht nur stand die Trennung Böhmens vom deutschen Reiche in Aussicht, es war auch zu befürchten, daß die österreichischen Herzogtümer von zwei Seiten durch das neue Premyslidenreich umschlossen, diesem zur Beute fallen und gleichfalls von Deutschland losgerissen würden. Zudem hatte Albrechts Scharfblick schon längst erkannt, daß die österreichischen Alpenländer berufen seien, den Grundstock einer Macht zu bilden, um welche sich naturgemäß die Sudeten- und Karpathenländer im Laufe der Zeiten gruppieren müssen. Mährens Hauptfluß, die March, ist in ihrer Hauptader auf das Wiener Becken gerichtet, und die ganze mährische Landesaustiefung gegen Wien hin weit eröffnet. Mähren zieht wieder das ihm verschwisterte und gleichfalls gegen Wien geöffnete, dagegen gegen alle anderen Weltgegenden durch hohe Gebirge abgeschlossene Böhmen mit. Gewiegte geographische und militärische Schriftsteller behaupten geradezu, daß Böhmen und Mähren den Centralpunkt ihrer Verteidigung in Wien haben; diese Länder seien so lange nicht verloren, als Wien stehe, und nicht zu halten, ohne Wien. Nur im Besitze des Wiener Beckens hätte sich die ottokarische Monarchie behaupten können; von Wien zurückgedrängt, war sie verloren. Ebenso wurde die große, von Gebirgen umschlossene ungarische Ebene von Wien aus den Türken abgerungen und hat gleichfalls ihre Verteidigungsbasis, aber auch ihre Culturquelle in Wien.

Indem nun Albrecht gegen die Thronfolge Wenzels III. in Ungarn Stellung nahm, trat er nicht nur einem Feinde seines Hauses entgegen, er förderte auch ganz entschieden den von ihm entworfenen und von seinen späteren Nachkommen glücklich durch= geführten Plan der Vereinigung aller dieser Länder unter dem habsburgischen Hause.

Zu einem Waffengange wegen der Stephanskrone kam es jedoch nicht. Der zur Regierung vollständig unfähige Wenzel mußte nach kurzer Zeit das Land verlassen und Karl Robert Platz machen, mit dem das Haus der Angiovinen den Thron der Arpaden bestieg, und damit die Gefahr der Vereinigung Ungarns und Böhmens in einer Hand beseitigte. Die Dinge entwickelten sich noch mehr zu Gunsten Albrechts, als dieser durch den plötzlichen Tod Wenzels II. im Juni 1305 von einem alten, ihm oft gefähr= lich gewordenen Gegner befreit wurde. Dessen Sohn Wenzel III., der schon eine Krone, die Ungarns, verscherzt hatte, wollte nicht auch die böhmische auf's Spiel setzen und setzte sich mit Albrecht auseinander. Nicht ein Jahr überlebte Albrechts Schwesterjohn Wenzel III. diesen Frieden. Siebzehn Jahre alt, ward er, der sich durch sein wüstes Leben verächtlich gemacht, in Olmütz von einem Meuchelmörder getötet.

13. Der erste Habsburger auf dem Throne Böhmens.

Mit Wenzel III. war das Haus der přemyslidischen Fürsten, dessen Ursprung in das graue Dunkel der Sage zurückreicht, in seinem Mannesstamme erloschen. Wol lebten noch von Wenzel III. vier Schwestern, von denen die älteste, Anna, an Herzog Heinrich von Kärnten vermählt war; da aber die weiblichen Nachkommen es regierenden Hauses kein Erbrecht besaßen, so konnten Böhmen und Mähren vom römischen Könige als erledigte Reichslehen ein= gezogen und dann weiter verliehen werden. Albrechts Absicht war es, diese Länder seinem ältesten Sohne Rudolf als Lehen des deutschen Reiches zuzusprechen. Da sich jedoch Heinrich von Kärnten im Lande festzusetzen suchte, griff Albrecht zum Schwerte und rückte von Nürnberg aus mit einem Heere über Eger in Böhmen ein, während gleichzeitig von Südosten über Iglau Rudolf mit einem Heere bis vor die Mauern Prags vorrückte. Heinrich von Kärnten, von seinem Anhange verlassen, floh nach Tirol. Darauf erhielt Rudolf von seinem Vater die Belehnung, nam dann die Huldigung entgegen, und nach seiner Vermählung mit Wenzel's II. Witwe gewann er auch jene, welche früher Heinrich von Kärnten anhiengen. Allein Böhmen sollte für immerdar dem habsburgischen Hause angehören, es sollte sowie Oesterreich und Steiermark ein Erbland desselben werden; daher erschien Rudolf mit Zustimmung der böhmischen Stände vor seinem Vater in Znaim, allwo dieser für Rudolf und seine Brüder die Gesammtbelehnung vornam. Die böhmischen und mährischen Großen hatten eidlich und mit Brief und Siegel zugesagt, wenn Rudolf ohne männliche Nach= kommen mit Tod abgienge, den ältesten von seinen Brüdern und dessen Erben als Nachfolger anzuerkennen.

Albrecht war damals auf dem Höhepunkte seiner Macht an= gelangt. Er trug die deutsche Krone, und seinem Hause gehörte der ganze Osten Deutschlands vom abriatischen Meere bis zur norddeutschen Tiefebene, Steiermark, Ober= und Nieder=Oesterreich, Böhmen mit Mähren und einem Teile von Schlesien und weite Gebiete im südwestlichen Deutschland.

Allein die Sonne des Glückes sollte diesem viel beneideten Hause nicht immer leuchten und glänzen, die herbsten Schicksals= schläge sollten auch ihm nicht erspart bleiben. Inmitten einer äußerst rühmlichen Regierung wurde Rudolf am 4. Juli 1307 von der Ruhr hinweggerafft. Böhmen und Mähren waren für das habs= burgische Haus auf lange Zeit verloren. Uneingedenk der eidlichen Zusage der böhmischen Stände und der segensreichen Regierung des Habsburgers, wurde das habsburgische Haus, wurde der recht= mäßige Nachfolger Rudolfs, dessen Bruder Friedrich, übergangen, und Heinrich von Kärnten zum Könige gewählt. Nur in Mähren wurde, der früheren, mit einem Eide bekräftigten Versprechung gemäß, vom größten Teile der Stände Herzog Friedrich von Oesterreich als rechtmäßiger Nachfolger anerkannt. Da jedoch Albrecht entschlossen war, die Ansprüche seines Sohnes und die Rechte des Reiches zur Geltung zu bringen, war der Krieg unvermeidlich. Allein Albrechts Hoffnung, seinem Hause Böhmen wiederzugewinnen, gieng nicht in Erfüllung. Nachdem er im ersten Feldzuge keine besonderen Erfolge erzielt, ward er während der Zurüstungen zum zweiten von seinem Neffen Johann meuchlings ermordet.

14. König Albrechts gewaltsamer Tod.

Nicht selten wird die Frevelthat Johanns als ein Act der Privatrache wegen vorenthaltenen Erbes hingestellt; allein Albrechts ehrgeiziger und unerfahrener Neffe war nur das Werkzeug fürstlicher Verschwörer, an deren Spitze Peter Eichspalter, Erzbischof von Mainz, Herzog Otto von Niederbaiern und Graf Eberhard von Württemberg standen und an der sich alle jene Fürsten beteiligten, die Albrecht niedergehalten und deren angemaßten Rechte und Besitztümer er geschmälert hatte. Peter Eichspalter war wol der vornemlichste Aufwiegler, und einer der Straffälligen hat später noch vor seiner Hinrichtung gestanden, daß Niemand an der Mordthat schuldiger sei, als der Erzbischof von Mainz: „Er hätte den Johann und seine Mitschuldigen früh und spät zu dem Verbrechen angestachelt". Das war derselbe Erzbischof von Mainz, der schon als Bischof von Basel gegen Albrecht Ränke schmiedete und dann zwischen Wenzel II. und Philipp IV. von Frankreich ein gegen den römischen König gerichtetes Bündnis vermittelte.

Der im jugendlichen Leichtsinne dahin lebende Johann, der sich als Werkzeug der genannten fürstlichen Persönlichkeiten gebrauchen ließ, war der Sohn von Albrechts Bruder Rudolf und der Agnes, einer Tochter Ottokars; er war seit seinem siebenten

Lebensjahre verwaist. Zu seinem Unglücke wurde er am Hofe seines Oheims, Wenzels II., erzogen, wo er oft genug harte Worte über Albrecht hören konnte. Als nun Letzterer den vierzehnjährigen Neffen nach Wien kommen ließ, da hatten sich schon Argwohn und Mißtrauen gegen den Oheim und Vormund in diesem festgesetzt. Ehrgeiz und Neid gegen seine jugendlichen Vettern, die frühzeitig zur Herrschaft gelangten, gesellten sich hinzu, er verlangte eigene Herrschaft, um seinen Launen völlig die Zügel schießen zu lassen. Allerdings war Johann berechtigt, etwa die Hälfte von den habsburgischen Stammgütern und eine Entschädigungssumme für die Verzichtleistung seines Vaters auf die Mitregierung in Oesterreich zu beanspruchen. Aber weder von väterlicher noch von mütterlicher Seite hatte er ein Recht auf Oesterreich und Steiermark, an deren Regierung er jedoch wie Albrechts eigene Söhne teilnehmen wollte. Der römische König dachte nicht im Entferntesten daran, seinen Neffen um sein rechtmäßiges Erbe zu bringen, Beweis dessen, daß er diesen in die selbständige Verwaltung der Stammlande einführte und in für Schwaben ausgestellte Urkunden durch Johann fertigen ließ, was sicher nicht der Fall gewesen wäre, wenn Albrecht die von Johann beanspruchten Besitzungen dauernd für sich behalten wollte. Nur konnte er zu einer Zeit, als Johann das eigentliche Alter der Volljährigkeit noch nicht erlangt hatte und als leichtsinnig und verschwenderisch bekannt war, nicht zugeben, daß dieser sein eigener Herr werde. Aber das ungezügelte Verlangen nach eigener Herrschaft wurde von jenen ränkeschmiedenden deutschen Fürsten noch mehr gesteigert, welche Johann benützen wollten, um sich des Habsburgers, der da auf dem deutschen Throne saß, zu entledigen. Und so war es unberechtigter Haß, der von selbstsüchtigen und treulosen Reichsfürsten noch mehr entflammt, am 1. Mai 1308 bei Brugg, im Angesichte der Habsburg, die Bluttthat erzeugte.

Ein schönes Familienleben, eine zufriedene, durch zwei und dreißig Jahre bestandene Ehe wurde durch den Mordstahl vernichtet. Einundzwanzig Kinder waren aus dieser glücklichen Ehe hervorgegangen, darunter mehrere Söhne, welche in die Geschicke Oesterreichs und Deutschlands eingegriffen haben, wie Rudolf, der als König von Böhmen starb, Friedrich der Schöne, der Gegenkönig Ludwigs von Baiern, der das gegebene Wort mit seiner Freiheit einlöste, der tapfere Leopold, der sein Leben lang für seine Brüder kämpfte, und Albrecht der Weise.

Albrechts gewaltsamer Tod war ein großes Unglück für Oester= reich und Deutschland. Mit ihm erloschen alle jene herrlichen Hoffnungen der Größe und der Machtstellung, zu welcher er diese Länder zu bringen hoffte. Und wie war er diesem Ziele schon nahe gekommen! Nicht vielmehr als drei Dezennien waren in's Land gegangen, seit Rudolf von Habsburg, der Ahnherr des Hauses, noch als Graf seinen Besitz regierte. Und nun war der zweite dieses Hauses bereits das Haupt des mächtigsten Fürstengeschlechtes Mitteleuropas und trug die deutsche Krone. Als Träger dieser Krone hatte Albrecht die Wiederherstellung der deutschen Reichs= gewalt, die Unterordnung der Fürsten unter den König mit großer Festigkeit verfolgt und als Grundlage dieser Bestrebungen eine tüchtige Hausmacht zu schaffen gesucht, ohne die das Reichsober= haupt bei den bestehenden Verhältnissen nun einmal zu keiner wahrhaft kaiserlichen Gewalt gelangen konnte. Dadurch aber hatte er den Haß und Neid der Reichsfürsten erregt, die ihn deßhalb der Habsucht und des Eigennutzes, ja sogar der Grausamkeit und Tyrannei beschuldigten.

Wahr ist es, Albrecht war nicht der leutselige und scherzende Mann wie sein Vater, und seine strenge Gerechtigkeit ließ ihn daher als Willkürmenschen erscheinen; allein die mit ihm näher und öfter verkehrten, wußten, daß er ein den edelsten Empfindun= gen zugängliches Gemüt besaß. Voll des Lobes sind viele der zeitgenössischen Geschichtsschreiber. Wir lassen nur Ottokar von Horneck in seiner Reimchronik sprechen. Dieser rühmt ihm vier Tugenden nach, nämlich Keuschheit, Nachsicht, Versöhnlichkeit und Zucht; in den drei ersteren habe er die Fehler Davids, Friedrichs II.

und Philipps IV. vermieden, in der vierten den König Arthur
erreicht. Sein Herz habe in Ehren geglänzt wie ein glühendes
Eisen. Er habe sich selbst so beherrscht, daß er niemals etwas
drohend oder im Uebermute gethan habe. Sein Charakter war fest
wie ein Diamant.

Und doch ist bis herauf auf unsere Tage Albrecht als kalter
und habsüchtiger Tyrann geschildert worden, der, stets gewohnt,
Andere für seinen Eigennutz auszubeuten, diesem endlich selbst zum
Opfer gefallen sei. Hervorragende Geschichtsforscher der neueren
Zeit haben es nun, gestützt auf die verläßlichsten Quellen, unter-
nommen, den Verleumdungen entgegenzutreten und den um Oesterreich und Deutschland so hoch verdienten Fürsten im Lichte der
Wahrheit darzustellen. Nach Böhmer, einem der verdientesten Forscher in der deutschen Kaiserzeit, gehört Albrecht zu den tüchtigsten
deutschen Regenten, der mit planmäßiger Energie für die Wiederherstellung der Kaisergewalt gearbeitet und eifrig für die Rechte des
Reiches besorgt gewesen, die zu erhalten und zu mehren er im
Krönungseide geschworen hatte. Deshalb freilich war er den Fürsten
nicht angenem, die, zum Verderben des Vaterlandes nur den Augen-
blick und nicht die Zukunft bedenkend, in blinder Selbstsucht das
Reich unter sich zu zerbröckeln suchten. Dem Charakter Albrechts
zollt derselbe Gelehrte wol die ehrendste Anerkennung mit den
Worten: „Albrecht war weder reizbar noch unversöhnlich. Kraft
und Maß, die schönsten Eigenschaften deutschen Charakters, waren
ihm eigen".

„Wie kam es nun, fragt Böhmer, daß ein solcher Fürst nicht
nur nicht erkannt, sondern noch bis auf den heutigen Tag in allen
Geschichtsbüchern mit Verleumdungen überschüttet wird? Die nächste
Ursache ist, weil man zur Folie der seit dem fünfzehnten Jahrhundert immer umständlicher erfundenen Tellgeschichte eines Tyrannen
bedurfte, den man bei der eben durch die Zerrüttung des Reiches
immer mehr verdunkelten Einsicht in dessen Geschichte gar bald in
demjenigen fand, der den ritterlichen Adolf getödtet zu haben und

4

dann selbst als das Opfer eigener Ungerechtigkeit durch den ver=
zweifelten Neffen gefallen zu sein schien." Als Seitenbild zu dem
despotischen Herrscher erfand man dann gleichartige Landvögte, wie
Geßler und Andere.

Nun hat aber die kritische Geschichtsforschung der neueren Zeit
die Schweizer „Tyrannei" Albrechts mit der Tellsage auf eine und
dieselbe Linie sagenhafter Bedeutung gestellt. Die Tellsage ist er=
wiesener Maßen eine Wandersage, die zu verschiedenen Zeiten bei
verschiedenen Völkern vorkommt. In der deutschen Heldensage schießt
Wieland's Bruder Eigil vom Kopfe seines Sohnes den Apfel
herunter. Und nach dem Berichte eines Geschichtsschreibers, des
Grammatikers Saxo, aus dem zwölften Jahrhunderte, also um ein
Jahrhundert früher, als Tell in Uri erstanden sein soll, befahl der
Dänenkönig Harald dem Kriegsmanne Toko vom Haupte seines
Sohnes einen Apfel herabzuschießen, welchem Befehle auch Toko
glücklich nachgekommen sei. Gleichzeitige Chronisten, vor Allem
Johann von Winterthur, der als Knabe das 1315 aus der Schlacht
von Morgarten zurückkehrende Heer des Herzogs Leopold gesehen,
berichten mit keinem Worte von Vögten und deren Bedrückungen,
vom Rütlibunde und vom Tell. Noch 1420, also ein volles Jahr=
hundert nach der angeblichen Heldenthat Tells, berichtet der dem
Hause Habsburg feindlich gesinnte Stadtschreiber von Bern, Konrad
Justinger, in seiner Chronik der Stadt Bern nichts über Vögte
und deren Thaten und über einen Tell. Erst die um 1470 nieder=
geschriebene Chronik des Archivs von Obwalden enthält die wesent=
lichen Züge und Angaben der Tellsage, die dann im sechzehnten
Jahrhunderte durch den Geschichtsschreiber Gilg Tschudi in feste
Formen gebracht wurden und durch Ausgleichung mancher Widersprüche
den Charakter der geschichtlichen Wahrscheinlichkeit erhielten, wodurch
der Tell=Cultus in Schwung kam. Dieser Tell=Cultus brauchte einen
Tyrannen, und der konnte und durfte kein Anderer sein als Albrecht.

Erst 1760 wagte es der Pfarrer Freudenberger durch eine im
Canton Bern veröffentlichte Schrift unter dem Titel „Wilhelm

Tell, ein Märchen" dem Tell-Cult entgegenzutreten. Aber seine Schrift wurde in Uri von Henkershand verbrannt, und sämmtliche Cantone der Schweiz gaben ihrem Mißfallen Ausdruck. Allein das Eis war durch Freudenberger einmal gebrochen und nach mehreren Dezennien schwand die Heldengestalt eines Tell und das widerliche Zerrbild eines Unmenschen wie Geßler aus der Geschichte. Ein Grund, dieses zu beklagen, ist nicht vorhanden. Die Geschichte berichtet uns von so vielen edlen und herzerhebenden Thaten, welche zur Tugend begeistern und anspornen, so daß wir erdichtete gar nicht nötig haben, und zum Wenigsten dann, wenn durch idealisirte Helden der historischen Wahrheit in das Gesicht geschlagen, wenn edle und bewunderungswürdige Charaktere, wie Albrecht einer gewesen, verunglimpft werden. Darum haben auch jene Forscher, welche, gestützt auf die wichtigsten und lautersten Quellen, die von Tschudi überlieferten Sagen und Märchen auf ihren wahren Wert zurückgeführt, einen Act der Gerechtigkeit an jenem Fürsten vollzogen, dessen Thaten ein stolzes Denkmal der Macht und Größe Oesterreichs und Deutschlands zugleich sind.

Sechs Jahrhunderte sind es nun, seit von dem ewig denkwürdigen Tage des 27. December 1882 das Haus Habsburg in Oesterreich waltet. Die Worte, welche einer der größten Dichter Oesterreichs, Franz Grillparzer, dem König Rudolf in den Mund legt, zum Sohne also sprechend:

> Sei groß und stark, vermehre Dein Geschlecht,
> Daß es sich breite in der Erde Fernen
> Und Habsburgs Name glänze bei den Sternen!

diese Worte haben ihre Begründung in der sechshundertjährigen, ruhmreichen Geschichte Oesterreichs gefunden und werden sie, so Gott will, auch in ferneren Jahrhunderten finden.

.

Inhalt.